REMY DE GOURMONT

La

Culture des Idées

DU STYLE OU DE L'ÉCRITURE — LA CRÉATION
SUBCONSCIENTE — LA DISSOCIATION DES IDÉES
STÉPHANE MALLARMÉ ET L'IDÉE DE DÉCADENCE
LE PAGANISME ÉTERNEL — LA MORALE DE L'AMOUR
IRONIES ET PARADOXES

DEUXIÈME ÉDITION

PARIS
SOCIÉTÉ DV MERCVRE DE FRANCE
XV, RVE DE L'ÉCHAVDÉ-SAINT-GERMAIN, XV

MCM

MERCVRE DE FRANCE

XV, RVE DE L'ÉCHAVDÉ. — PARIS

parait tous les mois en livraisons de 300 pages, et forme dans
l'année 4 volumes in-8, avec tables.

Rédacteur en chef : ALFRED VALLETTE.

**Littérature, Poésie, Théâtre, Musique, Peinture, Sculpture,
Philosophie, Histoire, Sociologie, Sciences, Voyages,
Bibliophilie, Sciences occultes, Critique, Littératures
étrangères, Portraits, Dessins et Vignettes originaux**

REVUE DU MOIS

Épilogues (actualité) : Remy de Gour-
mont.
Les Poèmes : Pierre Quillard.
Les Romans : Rachilde.
Théâtre (publié) : Louis Dumur.
Littérature : Robert de Souza.
Histoire, Sociologie : Marcel Collière.
Philosophie : Louis Weber.
Psychologie : Gaston Danville.
Science sociale : Henri Mazel.
Questions morales et religieuses :
Victor Charbonnel.
Sciences : Dr Albert Prieur.
Archéologie, Voyages : Charles Merki.
Romania, Folklore : J. Drexelius.
Bibliophilie, Histoire de l'Art : R. de
Bury.
Ésotérisme et Spiritisme : Jacques
Brieu.
Chronique universitaire : L. Bélugou.
Les Revues : Charles-Henry Hirsch.
Les Journaux : R. de Bury.
Les Théâtres : A.-Ferdinand Herold.
Musique : Pierre de Bréville.

Art moderne : André Fontainas.
Art ancien : Virgile Josz.
Publications d'art : Y. Rambosson.
Le Meuble et la Maison : Les XII.
Chronique du Midi : Jean Carrère.
Chronique de Bruxelles : G. Eekhoud.
Lettres allemandes : Henri Albert.
Lettres anglaises : Henry.-D. Davray.
Lettres italiennes : Luciano Zuccoli.
Lettres espagnoles : Ephrem Vincent.
Lettres portugaises : Philéas Lebesgue.
Lettres brésiliennes : Xavier de
Carvalho.
Lettres latino-américaines : Pedro
Emilio Coll.
Lettres russes : Zinaïda Wenguerow.
Lettres polonaises : Jan Lorentowicz.
Lettres néerlandaises : A. Cohen.
Lettres scandinaves : Peer Eketræ.
Lettres hongroises : Zrinyi Janos.
Lettres tchèques : Jean Otokar.
Variétés : X...
Publications récentes : Mercure.
Échos : Mercure.

PRIX DU NUMÉRO

France : 2 fr. » | Étranger : 2 fr. 25

ABONNEMENT

	France		Étranger	
Un an	20 fr.	Un an	24 fr.
Six mois	11 »	Six mois	13 »
Trois mois	6 »	Trois mois	7 »

On s'abonne **sans frais** dans tous les bureaux de poste en France (Algérie
et Corse comprises) et dans les pays suivants : Belgique, Danemark, Italie,
Norvège, Pays-Bas, Portugal, Suède, Suisse.

Poitiers. — Imprimerie du Mercure de France, BLAIS et ROY, 7, rue Victor-Hugo.

LA CULTURE DES IDÉES

DU MÊME AUTEUR

REMY DE GOURMONT

La

Culture des Idées

DU STYLE OU DE L'ÉCRITURE — LA CRÉATION
SUBCONSCIENTE — LA DISSOCIATION DES IDÉES
STÉPHANE MALLARMÉ ET L'IDÉE DE DÉCADENCE
LE PAGANISME ÉTERNEL — LA MORALE DE L'AMOUR
IRONIES ET PARADOXES

DEUXIÈME ÉDITION

PARIS
SOCIÉTÉ DV MERCVRE DE FRANCE
XV, RVE DE L'ÉCHAVDE-SAINT-GERMAIN, XV

MCM

IL A ÉTÉ TIRÉ DE CET OUVRAGE :

Dix exemplaires sur papier de Hollande
numérotés de 1 à 10

JUSTIFICATION DU TIRAGE :

I

DU STYLE OU DE L'ÉCRITURE

DU STYLE OU DE L'ÉCRITURE

I

> Et ideo confiteatur eorum stul-
> titia, qui arte, scientiaque immu-
> nes, de solo ingenio confidentes, ad
> summa summe canenda prorum-
> punt ; a tanto prosuntuositate
> desistant, et si anseres naturali
> desidia sunt, nolint astripetam
> aquilam imitari.
> DANTIS ALIGHIERI, *De vulgari elo-
> quio*, II. 4.

Déprécier « l'écriture », c'est une précaution
que prennent de temps à autre les écrivains
nuls ; ils la croient bonne ; elle est le signe de
leur médiocrité et l'aveu d'une tristesse. Ce n'est
pas sans dépit que l'impuissant renonce à la jo-
lie femme aux yeux trop limpides ; il doit y avoir
de l'amertume dans le dédain public d'un homme qui confesse l'ignorance première de son métier ou l'absence du don sans lequel l'exercice
de ce métier est une imposture. Cependant quelques-uns de ces pauvres se glorifient de leur in-

digence; ils déclarent que leurs idées sont assez
belles pour se passer de vêtement, que les images les plus neuves et les plus riches ne sont que
des voiles de vanité jetés sur le néant de la pensée, que ce qui importe, après tout, c'est le fond
et non la forme, l'esprit et non la lettre, la chose
et non le mot, et ils peuvent parler ainsi très
longtemps, car ils possèdent une meute de clichés nombreuse et docile, mais pas méchante. Il
faut plaindre les premiers et mépriser les seconds
et ne leur rien répondre, sinon ceci : qu'il y a
deux littératures et qu'ils font partie de l'autre.

Deux littératures : c'est une manière de dire
provisoire et de prudence, afin que la meute
nous oublie, ayant sa part du paysage et la vue
du jardin où elle n'entrera pas. S'il n'y avait pas
deux littératures et deux provinces, il faudrait
égorger immédiatement presque tous les écrivains français; cela serait une besogne bien malpropre et de laquelle, pour ma part, je rougirais
de me mêler. Laissons donc ; la frontière est
tracée ; il y a deux sortes d'écrivains : les écrivains qui écrivent et les écrivains qui n'écrivent pas, — comme il y a les chanteurs apho-
nes et les chanteurs qui ont de la voix.

Il semble que le dédain du style soit une des
conquêtes de quatre-vingt-neuf. Du moins, avant

l'ère démocratique, il n'avait jamais été question
que pour les bafouer des écrivains qui n'écrivent
pas. Depuis Pisistrate jusqu'à Louis XVI, le
monde civilisé est unanime sur ce point : un
écrivain doit savoir écrire. Les Grecs pensaient
ainsi ; les Romains aimaient tant le beau style
qu'ils finirent par écrire très mal, voulant écrire
trop bien. S. Ambroise estimait l'éloquence au
point de la considérer comme un des dons du
Paraclet, *vox donus Spiritûs*, et S. Hilaire de
Poitiers, au chapitre treize de son *Traité des
Psaumes*, n'hésite pas à dire que le mauvais style
est un péché. Ce n'est donc pas du christianisme romain qu'a pu nous venir notre indulgence
présente pour la littérature informe ; mais comme le christianisme est nécessairement responsable de toutes les agressions modernes contre
la beauté extérieure, on pourrait supposer que
le goût du mauvais style est une de ces importa-
tions protestantes dont fut, au dix-huitième siècle, souillée la terre de France : le mépris du
style et l'hypocrisie des mœurs sont des vices
anglicans (1).

Cependa t si le dix-huitième siècle écrit mal,

(1) Sur l'importance et l'influence du protestantisme à cette
époque, voir l'ouvrage de Ed. Hugues, que tous les protestants
démarquent depuis vingt-cinq ans, *Histoire de la Restauration
du Protestantisme en France au* xviiiᵉ *siècle* (1872).

c'est sans le savoir; il trouve que Voltaire écrit
bien, surtout en vers; il ne reproche à Ducis que
la barbarie de ses modèles; il a un idéal; il n'admet pas que la philosophie soit une excuse de
la grossièreté littéraire; on versifie les traités
d'Isaac Newton et jusqu'aux recettes de jardi-
nage et jusqu'aux manuels de cuisine. Ce besoin
de mettre où il n'en faut pas de l'art et du beau
langage le conduisit à adopter un style moyen,
propre à rehausser tous les sujets vulgaires et à
humilier tous les autres. Avec de bonnes inten-
tions, le dix-huitième siècle finit par écrire comme
le peuple du monde le plus réfractaire à l'art :
l'Angleterre et la France signèrent à ce moment
une entente littéraire qui devait durer jusqu'à
la venue de Chateaubriand et dont le *Génie du
Christianisme* (1) fut la dénonciation solennelle.
A partir de ce livre, qui ouvre le siècle, il n'y a
plus qu'une manière d'avoir du talent, c'est de
savoir écrire, et non plus à la mode de la Harpe,

(1) Ce livre, si mal connu et défiguré dans ses éditions pieuses.
Rien de moins pieux cependant et de moins édifiant au delà du
premier tome que cette encyclopédie singulière et confuse où on
trouve *René* et des tableaux statistiques, *Atala* et le catalogue
des peintres grecs. C'est une histoire universelle de la civilisation et un plan de reconstruction sociale. En voici le titre complet : Génie du Christianisme ou Beautés de la religion chrétienne
par François-Auguste Chateaubriand. — A Paris, chez Migneret
imprimeur, rue du Sépulcre, f. s. g., n° 28. An X, 1802. —
5 vol. in-8.

mais selon les exemples d'une tradition invain-
cue, aussi vieille que le premier éveil du sens de
la beauté dans l'intelligence humaine.

Mais la manière du dix-huitième siècle (1) ré-
pondait trop bien aux tendances naturelles d'une
civilisation démocratique; ni Chateaubriand, ni
Victor Hugo ne purent rompre la loi organique
qui précipite le troupeau vers la plaine verte où
il y a de l'herbe et où il n'y aura plus que de la
poussière quand le troupeau aura passé. On ju-
gea inutile bientôt de cultiver un paysage destiné
aux dévastations populaires; il y eut une littérature sans style comme il y a des grandes routes
sans herbe, sans ombre et sans fontaines.

II

Le métier d'écrire est un métier, et j'aimerais
mieux qu'on le mît à son ordre vocabulaire, entre la cordonnerie et la menuiserie, que tout
seul à part des autres manifestations de l'activité
des hommes. A part, il peut être nié, sous prétexte d'honneurs, et tellement éloigné de tout

(1) Quand on parle du dix-huitième siècle, il faut toujours
mettre à part, dans sa tour de Montbard, le grandiose et solitaire
Buffon, qui fut, au sens moderne de ces mots, un savant, un
philosophe et un poète.

ce qui est vivant qu'il meure de son isolement ;
à son rang dans une des niches symboliques le
long de la grande galerie, il suggère des idées
d'apprentissage et d'outillage ; il éloigne de lui
les vocations impromptues ; il est sévère et dé-
courageant.

Le métier d'écrire est un métier ; mais le
style n'est pas une science. Le style est l'homme
même et l'autre formule, de Hello, le style est
inviolable, disent une seule chose : le style est
aussi personnel que la couleur des yeux ou le
son de la voix. On peut apprendre le métier
d'écrire ; on ne peut apprendre à avoir un style ;
on ne peut teindre son style comme on teint ses
cheveux, mais il faut recommencer tous les ma-
tins et n'avoir pas de distractions. On apprend
si peu à avoir un style qu'au cours de la vie
souvent on désapprend ; quand la force vitale
est moindre on écrit moins bien ; l'exercice, qui
améliore d'autres dons, gâte parfois celui-là.

Ecrire, c'est très différent de peindre ou de
modeler ; écrire ou parler, c'est user d'une faculté nécessairement commune à tous les hommes,
d'une faculté primordiale et inconsciente. On
ne peut l'analyser sans faire toute l'anatomie de
l'intelligence ; c'est pourquoi, qu'ils aient dix ou
dix mille pages, tous les traités de l'art d'écrire

sont de vaines esquisses. La question est si complexe qu'on ne sait par où l'aborder ; elle a tant de pointes et c'est un tel buisson de ronces et d'épines qu'au lieu de s'y jeter on en fait le tour; et c'est prudent.

Écrire, mais alors au sens de Flaubert et de Goncourt, c'est exister, c'est se différencier. Avoir un style, c'est parler au milieu de la langue commune un dialecte particulier, unique et inimitable et cependant que cela soit à la fois le langage de tous et le langage d'un seul. Le style se constate ; en étudier le mécanisme est inutile au point où l'inutile devient dangereux; ce que l'on peut recomposer avec les produits de la distillation d'un style ressemble au style comme une rose en papier parfumé ressemble à la rose.

Quelle que soit l'importance fondamentale d'une œuvre « écrite », la mise en œuvre par le style accroît son importance. C'était l'opinion de Buffon, que toutes les beautés qui se trouvent dans un ouvrage bien écrit, « tous les rapports dont le style est composé sont autant de vérités aussi utiles et peut-être plus précieuses pour l'esprit humain que celles qui peuvent faire le fond du sujet ». Et c'est aussi, malgré le dédain commun, l'opinion commune, puisque les livres de jadis qui vivent encore ne vivent que par le style.

Si le contraire était possible, tel contemporain de
Buffon, Boulanger, l'auteur de l'*Antiquité dévoi-
lée*, ne serait pas inconnu aujourd'hui, car il n'y
avait de médiocre en lui que sa manière d'écrire;
et n'est-ce point parce qu'il manqua presque toujours de style que tel autre, comme Diderot, n'a
jamais eu que des heures de réputation et que
sitôt qu'on ne parle plus de lui, il est oublié?

Cette prépondérance incontestée du style fait
que l'invention des thèmes n'a pas un grand intérêt en littérature. Pour écrire un bon roman
ou quelque drame viable, il faut ou élire un sujet si banal qu'il en soit nul ou en imaginer un
si nouveau qu'il faille du génie pour en tirer
parti, *Roméo et Juliette* ou *Don Quichotte*. La
plupart des tragédies de Shakespeare ne sont
qu'une suite de métaphores brodées sur le cane-
vas de la première histoire venue. Shakespeare
n'a inventé que ses vers et ses phrases : comme
les images en étaient nouvelles, cette nouveauté
a nécessairement conféré la vie aux personnages
du drame. Si *Hamlet*, idée pour idée, avait été
versifié par Christophe Marlowe, ce ne serait
qu'une obscure et maladroite tragédie que l'on
citerait comme une ébauche intéressante. M. de
Maupassant, qui inventa la plupart de ses
thèmes, est un moindre conteur que Boccace,

qui n'inventa aucun des siens. L'invention des sujets est d'ailleurs limitée, encore que flexible à l'infini ; mais, autre siècle, autre histoire. M. Aicard, s'il avait du génie, n'eût pas traduit *Othello*, il l'eût refait, comme l'ingénu Racine refaisait les tragédies d'Euripide. Tout aurait été dit dans les cent premières années des littératures si l'homme n'avait le style pour se varier lui-même. Je veux bien qu'il y ait trente-six situations dramatiques ou romanesques, mais une théorie plus générale n'en peut, en somme, reconnaître que quatre. L'homme étant pris pour centre, il a des rapports : avec lui-même, avec les autres hommes, avec l'autre sexe, avec l'infini, Dieu ou Nature. Une œuvre de littérature rentre nécessairement dans un de ces quatre modes. Mais n'y aurait-il au monde qu'un seul et unique thème, et que cela fût *Daphnis et Chloé*, il suffirait.

Une des excuses des écrivains qui ne savent pas écrire est la diversité des genres. Ils croient qu'à celui-ci convient le style et à celui-là, rien. Il ne faut pas, disent-ils, écrire un roman du même ton qu'un poème. Sans doute ; mais l'absence de style fait aussi l'absence de ton et quand un livre manque d'écriture, il manque de tout : il est invisible ou, comme on dit, il passe inaper-

2.

çu. Cela convient. Au fond, il n'y a qu'un genre :
le poème ; et peut-être qu'un mode, le vers, car
la belle prose doit avoir un rythme qui fera douter si elle n'est que de la prose. Buffon n'a écrit
que des poèmes, et Bossuet et Chateaubriand et
Flaubert. Les *Epoques de la Nature*, si elles
émeuvent les savants et les philosophes, n'en
sont pas moins une somptueuse épopée. M. Bru-
netière a parlé avec une ingénieuse hardiesse
de l'évolution des genres ; il a montré que la
prose de Bossuet n'est qu'une des coupes de la
grande forêt lyrique où Victor Hugo plus tard
se fit bûcheron. Mais je préfère l'idée qu'il n'y
a pas de genres ou qu'il n'y a qu'un genre ; cela
est d'ailleurs plus conforme aux dernières philosophies et à la dernière science : l'idée d'évolution va disparaître devant celle de permanence,
de perpétuité.

Si on peut apprendre à écrire ? Il s'agit du
style : c'est demander si M. Zola avec de l'application aurait pu devenir Chateaubriand, ou si
M. Quesnay de Beaurepaire avec des soins aurait
pu devenir Rabelais ; si l'homme qui imite les
marbres précieux en secouant d'un coup vif son
pinceau vers les panneaux de sapin aurait pu,
bien conduit, peindre le *Pauvre Pêcheur*, ou si le
ravaleur qui taille dans le genre corinthien les

tristes façades des maisons parisiennes ne pourrait pas, après vingt leçons, sculpter par hasard
la *Porte de l'Enfer* ou le tombeau de Philippe
Pot?

Si on peut apprendre à écrire? Il s'agit des
éléments d'un métier, de ce qui s'enseigne aux
peintres dans les académies : on peut apprendre
cela; on peut apprendre à écrire correctement
à la manière neutre, comme on grava à la manière noire. On peut apprendre à écrire mal,
c'est-à-dire proprement et de manière à mériter
un prix de vertu littéraire. On peut apprendre à
écrire très bien, ce qui est une autre façon d'é-
crire très mal. Qu'ils sont mélancoliques, ces
livres qui sont très bien; et puis, c'est tout.

III

M. Albalat a donc publié un manuel qui s'appelle : *l'Art d'écrire enseigné en vingt leçons.*
Paru en des temps plus anciens, ce manuel eût
certainement fait partie de la bibliothèque de
M. Dumouchel, professeur de littérature, qui
l'eût recommandé à ses amis, Bouvard et Pécu-
chet: « Alors ils se demandèrent en quoi consiste
précisément le style, et, grâce à des auteurs in-

diqués par Dumouchel, ils apprirent le secret de
tous les genres. » Cependant les deux bonshommes trouvent un peu subtiles les remarques de
M. Albalat et ils sont consternés d'apprendre
que le *Télémaque* est mal écrit et que Mérimée
gagnerait à être condensé. Ils rejettent M. Albalat et se mettent sans lui à leur histoire du duc
d'Angoulème.

Je ne suis pas surpris de leur résistance ; peut-
être ont-ils senti obscurément que l'inconscient
se rit des principes, de l'art des épithètes et de
l'artifice des trois jets gradués. Que le travail intellectuel, et en particulier le travail d'écrire,
échappe en très grande partie à l'autorité de la
conscience, si M. Albalat l'avait su il aurait été
moins imprudent et n'aurait pas divisé les qualités d'un écrivain en deux sortes : les qualités
naturelles et les qualités que l'on peut acquérir,
— comme si une qualité, c'est-à-dire une manière
d'être et de sentir, était quelque chose d'extérieur
et qui se surajoute comme une couleur ou une
odeur ! On devient ce que l'on est, et cela sans
même le vouloir et malgré toute volonté adverse.
La plus longue patience ne peut changer en imagination visuelle une imagination aveugle ; et celui qui voit le paysage dont il transpose l'aspect
en écritures, si son œuvre est gauche, elle est

meilleure encore, telle, qu'après les retouches d'un
correcteur dont la vision est nulle ou profondé-
ment différente. « Mais le trait de force, il n'y a
que le maître qui le donne. » Cela décourage Pé-
cuchet. Le trait du maître en écritures d'art,
même de force, est nécessairement celui qu'il ne
fallait pas appuyer; ou bien, le trait souligne le
détail qu'il est d'usage de faire valoir et non celui qui avait frappé l'œil intérieur, inhabile mais
sincère, de l'apprenti. Cette vision presque toujours inconsciente, M. Albalat l'abstrait et il définit le style « l'art de saisir la valeur des mots et
les rapports des mots entre eux »; et le talent,
d'après lui, consiste, « non pas à se servir sè-
chement des mots, mais à découvrir les nuances,
les images, les sensations qui résultent de leurs
combinaisons ».

Nous voilà donc dans le verbalisme pur, dans
la région idéale des signes. Il s'agit de manier
les signes et de les ordonner selon des dessins
qui donnent l'illusion d'être représentatifs du
monde des sensations. Ainsi pris à rebours le
problème est insoluble; il peut arriver, puisque
tout arrive, que de telles combinaisons de mots
soient évocatrices de la vie et même d'une vie
déterminée, mais le plus souvent la combinaison
restera inerte; la forêt se pétrifie; une critique

du style devait commencer par une critique de
la vision intérieure, par un essai sur la formation des images. Il y a bien deux chapitres sur
les images dans le livre de M. Albalat, mais tout
à la fin; et ainsi le mécanisme du langage est
démontré à rebours, puisque le premier pas est
l'image et le dernier l'abstraction. Une bonne
analyse des procédés naturels du style commen-
cerait à la sensation pour aboutir à l'idée pure,
— si pure qu'elle ne correspond à rien, non
seulement de réel, mais de figuratif.

S'il y avait un art d'écrire, ce serait l'art même
de sentir, l'art de voir, l'art d'entendre, l'art
d'user de tous les sens, soit réellement, soit ima-
ginativement; et la pratique grave et neuve d'une
théorie du style serait celle où l'on essaierait de
montrer comment se pénètrent ces deux mondes
séparés, le monde des sensations et le monde
des mots. Il y a là un grand mystère, puisque
ces deux mondes sont infiniment loin l'un de
l'autre, c'est-à-dire parallèles: il faut y voir
peut-être une sorte de télégraphie sans fils: on
constate que les aiguilles des deux cadrans se
commandent mutuellement, et c'est tout. Mais
cette dépendance mutuelle est loin d'être parfaite
et aussi claire dans la réalité que dans une comparaison mécanique: en somme, les mots et les

sensations ne s'accordent que très peu et très mal ; nous n'avons aucun moyen sûr, que peut-être le silence, pour exprimer nos pensées. Que de circonstances dans la vie, où les yeux, les mains, la bouche muette sont plus éloquents que toutes paroles (1) !

IV

L'analyse de M. Albalat est donc mauvaise, n'étant pas scientifique ; cependant, il en a tiré une méthode, pratique dont on peut dire que si elle ne formera aucun écrivain original, — il le sait bien lui-même, — elle pourrait atténuer, non la médiocrité, mais l'incohérence des discours et des écritures auxquels l'usage nous contraint de prêter quelque attention. Cela est d'ailleurs indifférent ; ce manuel serait inutile, plus encore que je ne le crois, que tel et tel de ses chapitres garderaient leur intérêt de documentation et d'exposition. Le détail est excellent ; et voici par exemple les pages où il est démontré que l'idée est liée à la forme et que changer la

(1) On essaiera quelque jour, dans une étude sur le *Monde des mots*, de déterminer si les mots ont vraiment une signification, c'est-à-dire une valeur constante.

forme c'est modifier l'idée : « Quand on dit d'un
morceau : le fond est bon, mais la forme est
mauvaise, — cela ne signifie rien. » Voilà de
bons principes, quoique l'idée puisse exister
comme résidu de sensation, indépendante des
mots et surtout d'un choix de mots ; mais les
idées toutes nues à l'état de larves errantes n'ont
aucun intérêt. Peut-être même appartiennent-
elles à tout le monde ; peut-être toutes les idées
sont-elles communes à tous ? Mais comme celle-ci
qui se promène, attendant un évocateur, va se
révéler différente selon la parole qui l'aura sor-
tie des ténèbres ! Que vaudraient, dépouillées de
leur pourpre, les idées de Bossuet ? Ce sont celles
du premier séminariste qui passera et, s'il les
proférait, les gens reculeraient, humiliés de tant
de sottise, qui s'y enivrent dans les Sermons
et dans les Oraisons. Et l'impression sera pareille
si, après avoir écouté avec complaisance les
paradoxes lyriques de Michelet, on les retrouve
dans les discours bas de quelque sénateur, dans
les tristes commentaires de la presse dévouée.
C'est pour cela que les poètes latins et le plus
grand, Virgile, disparaissent traduits, se ressemblent tous dans l'uniformité pénible d'une
pompe normalienne. Si Virgile avait écrit selon
le style de M. Pessonneaux, ou de M. Benoist,

il serait Benoist, il serait Pessonneaux, et les
moines eussent raclé ses parchemins pour subs-
tituer à ses vers quelque bon contrat de louage
d'un intérêt sûr et durable. A propos de ces
évidences, M. Albalat se plaît à réfuter l'opinion
de M. Zola, que « la forme e ι ce qui change et
passe le plus vite » et que « on gagne l'immortalité en mettant debout des créatures vivantes ».
Autant que cette dernière phrase se peut interpréter, elle signifierait ceci : ce qu'on appelle la
vie en art est indépendant de la forme. Peut-
être est-ce encore moins clair ; peut-être cela
n'a-t-il aucun sens ? Hippolyte aussi, aux portes de Trézène, était « sans forme et sans couleur » ; seulement il était mort. Tout ce que
l'on peut concéder à cette théorie, c'est qu'une
œuvre originellement belle et d'une forme originale, si elle survit à son siècle, et plus, à sa langue, **les hommes ne l'admirent plus que par**
imitation, sur l'injonction traditionnelle des
éducateurs. Découverte maintenant au fond des
Herculanums, l'Iliade ne nous donnerait que des
sensations archéologiques ; elle intéresserait
au même degré que la *Chanson de Roland ;*
mais en comparant les deux poèmes, on consta-
terait, mieux qu'on ne l'a fait encore, qu'ils correspondent à des moments de civilisation extrê-

mement différents puisque l'un est rédigé tout
en images (un peu roides) et que dans l'autre il
y en a si peu qu'on les a comptées. Il n'y a
d'ailleurs aucune relation nécessaire entre le
mérite et la durée d'une œuvre ; mais quand un
livre a survécu, les auteurs « d'analyses et
extraits conformes au programme » savent très
bien prouver sa perfection « inimitable » et res-
susciter, le temps d'une conférence, la momie qui
va retomber sous le joug de ses bandelettes. Il
ne faut pas mêler l'idée de gloire à l'idée de
beauté ; la première est tout à fait dépendante
des révolutions de la mode et du goût ; la
seconde est absolue, dans la mesure où le sont
les sensations humaines ; l'une dépend des
mœurs, l'autre dépend de la loi.

La forme passe, c'est vrai ; mais on ne voit
pas vraiment comment la forme pourrait survivre
à la matière qui en est la substance ; si la beauté d'un style s'efface ou tombe en poussière,
c'est que la langue a modifié l'agrégat de ses
molécules, les mots, et les molécules elles-mêmes,
et que ce travail intérieur ne s'est pas fait sans
boursouflures et sans tremblements. Si les fresques de l'Angelico ont « passé », ce n'est pas
parce que le temps les a rendues moins belles,
c'est parce que l'humidité a gonflé le ciment où

la peinture est embue. Les langues se gonflent
comme le ciment et s'écaillent ; ou plutôt elles
font comme les platanes qui ne vivent qu'en
modifiant constamment leur écorce et qui laissent tomber dans la mousse, au premier prin-
temps, les noms d'amour gravés à même leur
chair.

Mais qu'importe l'avenir ? Qu'importe l'appro-
bation d'hommes qui n'existeront pas tels que
nous les ferions, si nous étions démiurges ?
Qu'est-ce que cette gloire dont jouirait un homme
à partir du moment où il sort de la conscience ?
Il est temps que nous apprenions à vivre dans la
minute, à nous accommoder de l'heure qui passe,
même mauvaise, à laisser aux enfants ce souci
des temps futurs qui est une faiblesse intellectuelle — quoique parfois une naïveté d'homme
de génie. Il est bien illogique de vouloir l'immortalité des œuvres lorsqu'on affirme et lorsqu'on désire la mortalité des âmes. Le Virgile
de Dante vivait au delà de la vie sa gloire devenue éternelle : de cette conception éblouissante
il ne nous reste qu'une petite illusion vaniteuse
qu'il est préférable d'éteindre tout à fait.

Cela n'empêche pas qu'il faille écrire pour les
hommes comme si on écrivait pour les anges et
de réaliser ainsi, selon son métier et selon sa

nature, le plus possible de beauté, même passagère et très périssable.

V

Les si amusantes distinctions que les vieux manuels faisaient entre le style fleuri et le style simple, le sublime et le tempéré, M. Albalat les supprime excellemment ; il juge avec raison qu'il n'y a que deux sortes de style : le style banal et le style original. S'il était permis de compter les degrés du médiocre au pire, comme du passable au parfait, l'échelle serait longue des couleurs et des nuances : il y a si loin de la *Légende de Saint-Julien l'Hospitalier* à une oraison parlementaire qu'en vérité on se demande s'il s'agit de la même langue, s'il n'y a pas deux langues françaises et en dessous une infinité de dialectes presque impénétrables les uns aux autres. A propos du style politique, M. Marty-Laveaux (1) pense que le peuple, demeuré fidèle en ses discours aux mots traditionnels, ne le comprend que très mal et seulement en gros, comme s'il s'agissait d'une langue étrangère que

(1) *De l'Enseignement de notre langue.*

l'on entend un peu, mais qu'on ne parle pas.
Il écrivait cela il y a vingt-sept ans, mais les
journaux, plus répandus, n'ont guère modifié
les habitudes populaires; on peut toujours
compter qu'en France sur trois personnes il y
en a une qui ne lit que par hasard un bout de
journal, et une qui ne lit jamais rien. A Paris,
le peuple a de certaines notions sur le style ; il
goûte surtout la violence et l'esprit : cela explique la popularité bien plus littéraire que politique d'un journaliste comme M. Rochefort, en
qui les Parisiens ont longtemps retrouvé leur
vieil idéal : un tranche-montagne spirituel et
verbeux.

M. Rochefort est d'ailleurs un écrivain original et l'un de ceux qu'on devrait citer d'abord
pour démontrer que le fond n'est rien sans la
forme : il suffit de lire un peu au delà de son
article. Cependant, nous sommes peut-être dupes; voilà bien un demi-siècle que nous le sommes de Mérimée, dont M. Albalat cite une page
à titre de spécimen du style banal ! Allant plus
loin, jusqu'à son jeu favori, il corrige Mérimée
et propose à notre examen les deux textes jux-
taposés; en voici un morceau :

3.

Bien qu'elle ne fût pas insensible au plaisir *ou à la vanité d'inspirer un sentiment sérieux* à un homme aussi léger *que l'était Max dans son opinion*, elle n'avait jamais pensé que cette affection pût devenir *un jour* dangereuse *pour son repos* (1).	Sensible au plaisir d'attirer sérieusement (2) un homme aussi léger, elle n'avait jamais pensé que cette affection pût devenir dangereuse.

On ne peut nier tout au moins que le style du sévère professeur ne soit fort économique ; il fait gagner presque une ligne sur deux ; soumis à ce traitement, le pauvre Mérimée, déjà peu fécond, se trouverait réduit à la paternité de quelques plaquettes, alors symboliques de sa légendaire sécheresse ! Devenu le Justin de tous les Trogue-Pompées, M. Albalat étend Lamartine lui-même sur le chevalet, pour adoucir, par exemple, *la finesse de sa peau rougissante comme à quinze ans sous les regards* en : *sa fine peau de jeune fille rougissante.* Quelle boucherie ! Les mots que biffe M. Albalat sont si peu banals qu'ils corrigeraient au contraire et relèveraient ce qu'il y a de commun dans la

(1) M. Albalat a souligné tout ce qu'il juge « banal ou inutile ».

(2) Variantes proposées par M. Albalat : *de réduire, de conquérir.*

phrase améliorée ; ce remplissage est une observation très fine faite par un homme qui a beaucoup regardé des visages de femmes, par un
homme plus tendre que sensuel, touché par la
pudeur plutôt que par le prestige charnel. Bon
ou mauvais, le style ne se corrige pas : le style
est inviolable.

M. Albalat donne de fort amusantes listes de
clichés, mais sa critique est parfois sans mesure.
Je ne puis admettre comme clichés *chaleur bien-
faisante*, *perversité précoce*, *émotion contenue*,
front fuyant, *chevelure abondante* ni même *larmes amères* car des larmes peuvent être amères
et des larmes peuvent être douces. Il faut comprendre aussi que l'expression qui est à l'état de
cliché dans un style peut se trouver dans un autre à l'état d'image renouvelé. *Emotion contenue*
n'est pas plus ridicule qu'*émotion dissimulée;*
quant à *front fuyant*, c'est une expression scientifique et très juste qu'il suffit d'employer à propos. Il en est de même des autres. Si on bannissait
de telles locutions, la littérature deviendrait une
algèbre qu'il ne serait plus possible de comprendre qu'après de longues opérations analytiques;
si on les récuse parce qu'elles ont trop souvent servi, il faudrait se priver encore de tous
les mots usuels et de tous ceux qui ne contien-

nent pas un mystère. Mais cela serait une duperie; les mots les plus ordinaires et les locutions
courantes peuvent faire figure de surprise. Enfin le cliché véritable, comme je l'ai expliqué antérieurement, se reconnaît à ceci que l'image qu'il
détient en est à mi-chemin de l'abstraction, au
moment où, déjà fanée, cette image n'est pas
encore assez nulle pour passer inaperçue et se
ranger parmi les signes qui n'ont de vie et de
mouvement qu'à la volonté de l'intelligence (1).
Très souvent, dans le cliché, un des mots a gardé
un sens concret et ce qui nous fait sourire c'est
moins la banalité de la locution que l'accolement
l'un mot vivant et d'un mot évanoui. Cela
es très visible dans les formules telles que : *le
sein de l'Académie, l'activité dévorante, ouvrir
son cœur, la tristesse était peinte sur son visage, rompre la monotonie, embrasser des principes.* Cependant il y a des clichés où tous les
mots semblent vivants : *une rougeur colora ses
joues ;* d'autres où ils semblent tous morts : *il
était au comble de ses vœux.* Mais ce dernier
cliché s'est formé à un moment où le mot *comble*
était très vivant et tout à fait concret; c'est parce qu'il contient encore un résidu d'image sen-

(1) Voir le chapitre du *Cliché*, dans l'*Esthétique de la Langue française.*

sible que son alliance avec *vœux* nous contrarie.
Dans le précédent, le mot *colorer* est devenu
abstrait, puisque le verbe concret de cette idée
est *colorier*, et il s'allie très mal avec *rougeur*
et avec *joues*. Je ne sais où mènerait un travail
minutieux sur cette partie de la langue dont la
fermentation est inachevée ; sans doute finirait-
on par démontrer assez facilement que dans la
vraie notion du cliché l'incohérence a sa place
à côté de la banalité. Pour la pratique du style, il y aurait là matière à des avis motivés que
M. Albalat pourrait faire fructifier.

VI

Il est fâcheux que le chapitre des périphrases
soit expédié en quelques lignes ; on attendait
l'analyse de cette curieuse tendance des hommes
à remplacer par une description le mot qui est
le signe de la chose alléguée. Cette maladie, qui
est fort ancienne, puisqu'on a trouvé des énigmes
sur les cylindres babyloniens (l'énigme du vent
à peu près dans les termes où nos enfants la connaissent), est peut-être l'origine même de toute la
poésie. Si le secret d'ennuyer est le secret de tout
dire, le secret de plaire est le secret de dire tout

juste ce qu'il faut pour être, non pas même compris, mais deviné. La périphrase, telle que maniée par les poètes didactiques, n'est peut-être ridicule que par l'impuissance poétique dont elle témoigne, car il y a bien des manières agréables de ne pas nommer ce que l'on veut évoquer. Le véritable poète, maître de son langage, n'use que de périphrases si nouvelles à la fois et si claires dans leur pénombre que toute intelligence un peu sensuelle les préfère au mot trop absolu; il ne veut ni décrire, ni piquer la curiosité, ni faire preuve d'érudition. Mais quoi qu'il fasse il écrit par périphrase et il n'est pas sûr que toutes celles qu'il a créées demeurent longtemps fraîches ; la périphrase est une métaphore : elle dure ce que durent les métaphores. A la vérité, il y a loin de la périphrase de Verlaine, vague et toute musicale,

> Parfois aussi le dard d'un insecte jaloux
> Inquiétait le col des belles sous les branches,

aux énigmes mythologiques d'un Lebrun, qui appelle le ver à soie :

> L'amant des feuilles de Thisbé !

Ici M. Albalat cite fort à propos les paroles de Buffon : que rien ne dégrade plus un écrivain que la peine qu'il se donne « pour expri-

mer des choses ordinaires ou communes d'une
manière singulière ou pompeuse. On le plaint
d'avoir passé tant de temps à faire de nouvelles
combinaisons de syllabes pour ne dire que ce
que tout le monde dit ». Delille s'est rendu
célèbre par son goût pour la périphrase didactique; mais je crois qu'il a été mal jugé. Ce n'est
pas la peur du mot propre qui lui fait décrire ce
qu'il faudrait nommer, c'est la raideur de sa
poétique et la médiocrité de son talent; il n'est
imprécis que par impuissance et il n'est très
mauvais que quand il est imprécis. Méthode ou
impéritie, cela nous a valu d'amusantes énigmes :

Ces monstres qui de loin semblent un vaste écueil.

L'animal recouvert de son épaisse croûte,
Celui dont la coquille est arrondie en voûte.

L'équivoque habitant de la terre et des ondes.

Et cet oiseau parleur que sa triste beauté
Ne dédommage pas de sa stérilité.

Et l'arbre aux pommes d'or, aux rameaux toujours verts.
Là pour l'art des Didot Annonay voit paraître
Les feuilles où ces vers seron. tracés peut-être.

Et ces rameaux vivants, ces plantes populeuses,
De deux règnes rivaux races miraculeuses.

Le puissant agaric, qui du sang épanché
Arrête les ruisseaux, et dont le sein fidèle
Du caillou pétillant recueille l'étincelle.

Il ne faudrait pas croire cependant que l'*Homme des champs*, d'où sont tirées ces charades, soit un poème entièrement méprisable. L'abbé Delille avait son mérite. Privées des plaisirs du rythme et du nombre, nos oreilles exténuées par les versifications nouvelles finiraient par retrouver un certain charme à des vers pleins et sonores qui ne sont pas ennuyeux, à des paysages un peu sévères, mais larges et pleins d'air,

> ...Soit qu'une fraîche aurore
> Donne la vie aux fleurs qui s'empressent d'éclore,
> Soit que l'astre du monde, en achevant son tour,
> Jette languissamment les restes d'un beau jour.

VII

Cependant M. Albalat se demande : comment être original et personnel? Sa réponse n'est pas très claire. Il conseille le travail et conclut : l'originalité est un effort incessant. Voilà une bien fâcheuse illusion. Des qualités secondaires seraient sans doute plus faciles à acquérir, mais la concision, par exemple, est-elle une qualité absolue? Rabelais et Victor Hugo, qui furent de grands accumulateurs de mots, doivent-ils être blâmés parce que M. de Pontmartin avait lui aussi l'habitude d'enfiler en cha-

pelet tous les vocables qui lui venaient à l'esprit
et d'accumuler dans la même phrase jusqu'à
douze à quinze épithètes? Les exemples donnés
par M. Albalat sont fort plaisants, mais si Gargantua n'avait pas joué, sous l'œil de Ponocrates, à
deux cents et seize jeux différents, tous très beaux,
cela serait très fâcheux, quoique « les grandes
règles de l'art d'écrire soient éternelles ».

La concision est parfois le mérite des imaginations rétives; l'harmonie est une qualité plus
rare et plus décisive. Il n'y a rien à relever dans
ce que dit M. Albalat à ce propos, sinon qu'il
croit un peu trop aux rapports nécessaires qu'il
y aurait entre la légèreté, par exemple, ou la
lourdeur d'un mot et l'idée qu'il détient. Illusion née de l'accoutumance, que l'analyse des
sons détruit. Ce n'est pas seulement, dit Villemain, par imitation du grec ou du latin *fremere*
que nous avons fait le mot *frémir ;* c'est par le
rapport du son avec l'émotion exprimée. *Horreur,*
terreur, doux, suave, rugir, soupirer, pesant,
léger, ne viennent pas seulement pour nous du
latin, mais du sens intime qui les a reconnus
et adoptés comme analogues à l'impression de
l'objet (1). Si Villemain, dont M. Albalat adopte

(1) *L'art d'écrire,* p. 138.

4

l'opinion, avait été plus versé dans la linguistique, il eût invoqué sans doute la théorie des racines, ce qui donnait à ses sottises une apparence de force scientifique ; tel quel, le petit paragraphe du célèbre orateur serait très agréable à discuter. Il est bien évident que si *suave* et *suaire* évoquent des impressions généralement éloignées, cela ne tient pas à la qualité de leurs sons ; en anglais, il y a *sweet* et *sweat*, mots de prononciation identique. *Doux* n'est pas plus doux que *toux*, et les autres monosyllabes du même ton ; *rugir* est-il plus violent que *rougir* ou que *vagir* ? *Léger* est la contraction d'un mot latin, de cinq syllabes, *leviarium* ; si *légère* porte sa signification, *mégère* la porte-t-il aussi? *Pesant* n'est ni plus ni moins lourd que *pensant* : les deux formes sont d'ailleurs des doublets dont l'unique original latin est *pensare*. Quant à *lourd*, c'est le mot *luridus*, qui voulut dire beaucoup de choses : jaune, fauve, sauvage, étranger, paysan, lourd, voilà sans doute sa généalogie. *Lourd* n'est pas plus lourd que *fauve* n'est cruel : songeons à *mauve* et à *velours*! Si l'anglais *thin* contient l'idée de *mince*, comment se fait-il que l'idée d'*épais* se dise par *thick*? Les mots sont des sons nuls que l'esprit charge du sens qu'il lui plaît: il y a des rencontres, il y a

des accords fortuits entre tels sons et tels idées ;
il y a *frémir, frayeur, froid, frileux, frisson.*
Sans doute, mais il y a aussi : *frein, frère, frêle,
frêne, fret, frime* et vingt autres sonorités analogues pourvues chacune d'un sens très différent.

M. Albalat est plus heureux dans le reste des
deux chapitres où il traite successivement de
l'harmonie des mots et de l'harmonie des phrases ;
il appelle avec raison le style des Goncourt, un
style *désécrit*; cela est bien plus frappant encore
s'il s'agit de M. Loti. Il n'y a plus de phrases ;
les pages sont un fouillis d'incidentes. L'arbre
a été jeté par terre, ses branches taillées ; il n'y
a plus qu'à en faire des fagots.

A partir de la neuvième leçon, l'*Art d'écrire*
devient didactique encore davantage, et voici
l'Invention, la Disposition et l'Elocution. Comment M. Albalat parvient-il à superposer ces
trois moments, qui n'en font qu'un, de l'œuvre
littéraire, je ne saurais l'exprimer sans beaucoup
de tourment. L'*art de développer un sujet* m'a été
refusé par la Providence ; je m'en remets de ce
soin à l'inconscient, et je ne sais pas davantage
comment on invente ; je crois qu'on invente surtout, au rebours de Newton, en n'y pensant jamais ; et quant à l'*élocution*, je ne me fierais qu'a-

vec malaise au procédé des refontes. On ne re-
fond pas, on refait et il est si triste de faire deux
fois la même chose que j'approuve ceux qui lan-
cent la pierre au premier tour de la fronde. Mais
voilà bien qui prouve l'inanité des conseils littéraires : Théophile Gautier écrivit au jour le
jour, sur une table d'imprimerie, parmi les pa-
quets d'où pend la ficelle, dans l'odeur de l'huile
et de l'encre, les pages compliquées du *Capi-
taine Fracasse*, et l'on dit que Buffon recopia
dix-huit fois les *Epoques de la Nature* (1)! Cela
n'a aucune importance parce que, M. Albalat aurait dû le dire, il y a des écrivains qui se corri-
gent mentalement, ne mettent sur le papier que
le travail lent ou vif de l'inconscient, et il y en a
d'autres qui ont besoin de voir extériorisée leur
œuvre, et de la revoir encore, pour la corriger,
c'est-à-dire pour la comprendre. Cependant,
même dans le cas des corrections mentales, la re-
vision extérieure est souvent profitable, pourvu
que, selon le mot de Condillac, on sache s'arrêter, qu'on apprenne à finir (2). Trop souvent le

(1) Ou plutôt fit recopier par ses secrétaires. Il remaniait ensuite la copie mise au net. Il y a un volume tout entier sur ce
sujet : les *Manuscrits de Buffon*, par P. Flourens ; Paris, Gar-
nier, 1860.

(2) Il y a sur ce point un joli passage de Quintilien, que cite
M. Albalat, page 213.

démon du Mieux a tourmenté des intelligences et les a stérilisées ; il est vrai que c'est aussi un grand malheur que de ne pas pouvoir se juger. Qui osera choisir entre celui qui ne sait pas ce qu'il fait et celui qui se dédouble et se voit ? Il y a Verlaine ; il y a Mallarmé. Il faut obéir à son génie.

M. Albalat excelle dans les définitions. « La description est la peinture animée des objets. » Il veut dire que, pour décrire, il faut se placer comme un peintre devant le paysage, soit réel, soit intérieur. D'après l'analyse qu'il fait d'une page de *Télémaque*, il semble bien que Fénelon n'ait été doué que fort médiocrement de l'imagination visuelle et plus médiocrement encore du don verbal. Dans les vingt premières lignes de la description de la grotte de Calypso, il y a trois fois le mot *doux* et quatre fois le verbe *former*. Ce style est vraiment devenu pour nous le type même du style inexpressif, mais je persiste à croire qu'il a eu sa fraîcheur et sa grâce et que le goût d'un moment fut légitimement séduit. Souriant de cette opulence de papier doré et de fleurs peintes, idéal d'un archevêque resté séminariste, nous oublions qu'on n'avait pas décrit la nature depuis l'*Astrée ;* ces oranges douces, ces sirops trempés d'eau de source furent des

rafraîchissements de paradis. C'est de la méchanceté que de comparer Fénelon, non pas
même à Homère, mais à l'Homère de Leconte de
Lisle. Les trop bonnes traductions, celles qu'on
peut appeler de littéralité littéraire, ont en effet
ce résultat inévitable de transformer en images
concrètes et vivantes tout ce qui de l'original
était passé à l'abstraction. Λευχοϐράχιων voulait-il
dire qui a des bras blancs ou n'était-ce plus qu'une
épithète épuisée? Λευχαχανθα donnait-il une image
comme blanche épine ou une idée neutre comme
aubépine, qui a perdu sa valeur représentative ?
Nous n'en savons rien. Mais à juger des langues
passées par les langues présentes, on doit supposer que la plus grande partie des épithètes ho-
mériques étaient déjà passées à l'abstraction au
temps d'Homère (1). Le plaisir que nous donne
l'Iliade mise en bas-relief par Leconte de Lisle,
les étrangers peuvent le trouver dans une œuvre
aussi surannée pour nous que *Télémaque*: *mille fleurs naissantes émaillaient les tapis verts*
n'est un cliché que lu pour la centième fois; nouvelle, l'image serait ingénieuse et picturale. Traduits par Mallarmé, les poèmes d'Edgard Poe ac-

(1) Je suppose que l'on a cessé de croire que les poèmes ho-
mériques aient été composés au petit bonheur par une multitude
de rapsodes de génie et qu'il a suffi de raboter leurs impro-
visations pour obtenir l'Iliade et l'Odyssée.

quièrent une vie mystérieuse à la fois et précise
qu'ils n'ont pas au même degré dans l'original.
Et de la *Mariana* de Tennyson, agréables vers
pleins de lieux communs et de remplissages, grisaille, Mallarmé, par la substitution du concret
à l'abstrait, fit une fresque aux belles couleurs
d'automne. Je ne donne ces remarques que, si
l'on veut, comme une préface à une théorie de la
traduction; ici, elles suffiront à indiquer qu'il
ne faut comparer entre eux, s'il s'agit du style,
que des textes d'une même langue et d'une même
époque. J'ai déjà expliqué la formation historique des clichés ; Mallarmé a pu voir de son vivant — et s'il nous avait été conservé, qu'il en
eût souffert ! — quelques-unes de ses images,
les plus charnellement ses filles et les plus vivantes, couchées, à demi mortes, dans les vers
neutres et la prose décalquée de plus d'un de
ses trop fervents admirateurs.

Il est très difficile de se rendre compte, après
cinquante ans, du degré d'originalité d'un style;
il faudrait avoir lu tous les livres notables selon
l'ordre de leur date. On peut du moins juger du
présent et aussi accorder quelque créance aux
observations contemporaines d'une œuvre. Bar-
bey d'Aurevilly a relevé dans George Sand une
profusion *d'anges de la destinée, de lampes de*

la foi, de coupes de miel, qui ne furent certainement pas inventés par elle, non plus d'ailleurs
qu'aucune partie de son style relavé ; mais les
eût-elle imaginés, « ces tropes décrépits, » qu'ils
n'en seraient pas meilleurs. Il me semble bien
que la coupe aux bords frottés de miel remonte
aux temps obscurs de la médecine préhippocra-
tique : les clichés ont la vie dure ! M. Albalat
note avec raison « qu'il y a des images qu'on
peut renouveler et rajeunir ». Il y en a beaucoup
et parmi les plus vulgaires; mais je ne trouve
pas qu'en appelant la lune une « morne lampe »,
Leconte de Lisle ait rafraîchi très heureusement
la « lampe d'or » de Lamartine. M. Albalat, qui
prouve beaucoup de lecture, devrait essayer un
catalogue des images par sujets : la lune, les étoiles, la rose, l'aurore et tous les mots « poéti-
ques »; on obtiendrait ainsi un recueil d'une
certaine utilité pour la psychologie verbale et
l'étude des sentiments élémentaires. Peut-être
saurait-on enfin pourquoi la lune est si chère
aux poètes? En attendant il nous annonce son
prochain livre : « La formation du style par l'assimilation des auteurs, » et je suppose que, la
série achevée, tout le monde écrira très bien et
qu'il y aura dorénavant un bon style moyen en
littérature, comme il y en a un en peinture et

dans les différents beaux-arts que l'État protège
si heureusement. Pourquoi pas une Académie
Albalat, comme une Académie Julian?

Voilà donc un livre auquel il ne manque presque rien que de n'avoir pas de but, que d'être
de pure analyse et désintéressé. Mais s'il devait
avoir une influence, s'il devait multiplier les écrivains honorables, il faudrait le maudire. La littérature et tous les arts, au lieu d'en mettre le
manuel à la portée de tous, il serait plus sage
d'en transporter les secrets sur quelque Hima-
laya. Cependant il n'y a pas de secrets. Pour être
un écrivain, il suffit d'avoir le talent naturel de
son métier, d'exercer ce métier avec persévérance, de s'instruire un peu plus chaque matin
et de vivre toutes les sensations humaines. Quant
à l'art de « créer des images », il faut croire qu'il
est absolument indépendant de toute culture
littéraire, puisque les plus belles images, les plus
vraies et les plus hardies, sont encloses dans nos
mots de tous les jours, œuvre séculaire de l'instinct, floraison spontanée du jardin intellectuel.

Février 1899.

4.

LA CRÉATION SUBCONSCIENTE

LA CRÉATION SUBCONSCIENTE (1)

Des hommes ont reçu un don particulier qui les distingue fortement d'entre leurs semblables; discoboles ou stratèges, poètes ou bouffons, statuaires ou financiers, dès qu'ils dépassent le niveau commun, exigent de l'observateur une attention particulière. La protubérance d'une de leurs facultés les désigne à l'analyse et à ce procédé d'analyse qui est la différenciation successive; ainsi on arrive à discerner dans l'humanité une classe d'êtres dont le signe est la différence, de même que, pour l'humanité vulgaire, le signe est la ressemblance. Il y a des hommes dont on ne peut jamais savoir ce qu'ils vont dire quand ils commencent à parler; il y en a peu; des autres le discours est connu dès qu'ils ouvrent la bouche. On allègue ici les disparités

(1) A propos de : *Physiologie cérébrale. Le Subconscient chez les artistes, les savants et les écrivains*, par le Dr Paul Chabaneix. Paris, J.-B. Baillière. — Cette étude était écrite quand a paru le magistral ouvrage de M. Ribot, L'*Imagination créatrice* (juillet 1900).

très sensibles, car il est incontestable que, même parmi les ressemblants les moins diversifiables à première vue, il n'y a point deux créatures qui ne soient, au fond, contradictoires entre elles ; c'est la dernière gloire de l'homme, et celle que la science n'a pu lui arracher, qu'il n'y ait point de science de l'homme.

S'il n'y a point de science de l'homme commun, moins encore y a-t-il une science de l'homme différent, puisque la manifestation de sa différence le constitue solitaire et unique, c'est-à-dire incomparable. Cependant, comme il y a une physiologie, il y a une psychologie générale : quelles qu'elles soient, toutes les bêtes terrestres respirent le même air et le cerveau de l'homme de génie, comme celui du pauvre homme, puise dans la sensation sa force primordiale. Selon quel mécanisme la sensation se transforme en acte, on ne le sait que d'une façon grossière ; on sait seulement que pour que cette transformation s'accomplisse, l'intervention de la conscience n'est pas nécessaire ; on sait aussi que cette intervention peut être nuisible, par son pouvoir de modifier la logique déterministe, de rompre la série des associations pour créer dans l'esprit volontairement le premier anneau d'une chaine nouvelle.

La conscience, qui est le principe de la liberté, n'est pas le principe de l'art. On peut énoncer fort clairement ce que l'on a conçu dans des ténèbres inconscientes. Loin d'être liée au fonctionnement de la conscience, l'activité intellectuelle en est le plus souvent troublée; on écoute mal une symphonie, quand on sait qu'on l'écoute; on pense mal, quand on sait que l'on pense : la conscience de penser n'est pas la pensée.

L'état subconscient est l'état de cérébration automatique, en pleine liberté, l'activité intellectuelle évoluant à la limite de la conscience, un peu au-dessous, hors de ses atteintes; la pensée subconsciente peut demeurer à jamais inconnue, et elle peut, soit au moment précis où cesse l'automatisme, soit plus tard, et même après plusieurs années, surgir à la lumière. Ces faits de cogitation ne sont donc pas du domaine de l'inconscient proprement dit, puisqu'ils peuvent arriver à la conscience et, d'autre part, il sera sans doute préférable de réserver à ce mot un peu vaste la signification que lui donna une philosophie particulière. L'état subconscient, quoique le rêve puisse être une de ses manifestations, diffère encore de l'état de rêve. Le rêve est presque toujours absurde, d'une absurdité spéciale,

incohérent ou déroulé selon des associations
toutes passives (1) dont la marche diffère même
de celle des ordinaires associations passives,
conscientes ou subconscientes (2).

La création intellectuelle imaginative est insé-
parable de la fréquence de l'état subconscient; et
dans cette catégorie de créations il faut englober
la découverte du savant et la construction idéolo-
gique du philosophe. Tous ceux qui, en quelque

(1) Voyez dans un rêve de Maury (*Le Sommeil et les Rêves*)
le mot *jardin* menant le rêveur en Perse, puis à une lecture de
l'*Ane mort* (Jardin, Chardin, Janin) ; et, dans cet autre, la
syllabe *lo* conduisant l'esprit de kilomètre à loto, par Gilolo,
lobélia, Lopez. Cependant le poète (rime, allitération) subit de
pareilles associations, mais il doit avoir le talent de les rendre
logiques, ce qui n'a guère lieu dans le rêve pur et simple. Victor
Hugo, véritable incarnation du Subconscient, triomphe, avec
excès, de ces rapprochements, d'abord involontaires.

(2) A propos du rêve, M. Chabaneix dit (p. 17) que ceux qui
pensent souvent par images visuelles sont sujets à des rêves où
les images s'objectivent amplifiées. Une observation personnelle
contredit cela, mais je n'oppose qu'une seule observation à
beaucoup d'observations : il s'agit d'un écrivain qui, quoique
assiégé à l'état de veille par les images visuelles internes, n'a
que de très rares rêves imagés et jamais d'hallucinations caractéristiques. Récemment, après avoir relu dans la journée le
livre de Maury, il eut le soir, pour la première fois, deux ou
trois assez vagues hallucinations hypnagogiques, sans doute
provoquées par le désir, ou la peur, de connaître cet état. —
Ceci peut servir à expliquer la contagion de l'hallucination par
le livre. — Il vit des lueurs kaléidoscopiques, puis des têtes gri-
maçantes, enfin un personnage drapé de vert, de grandeur naturelle, dont il n'apercevait, par le coin de l'œil droit, qu'une moitié. A ce moment il rouvrait les yeux. Ce personnage sortait
évidemment d'une histoire illustrée de la peinture italienne,
feuilletée le matin.

genre, ont innové ou inventé sont des imaginatifs autant que des observateurs. L'écrivain le
plus pondéré, le plus réfléchi, le plus minutieux
est à chaque instant, malgré lui, enrichi par le
travail du subconscient; il n'est pas d'œuvre,
si volontaire, qui ne doive au subconscient quelque beauté ou quelque nouveauté. Jamais peut-
être une phrase, la plus laborieuse, ne fut écrite
ou dite en accord absolu avec la volonté; la seule
quête du mot dans le vaste et profond réservoir
de la mémoire verbale est un acte qui échappe
si bien à la volonté que, souvent, le mot qui venait s'enfuit au moment où la conscience allait
l'apercevoir et le saisir. On sait combien il est
difficile de trouver volontairement le mot dont
on a besoin et on sait aussi avec quelle aisance
et quelle rapidité tels écrivains évoquent, dans
la fièvre de l'écriture, les mots les plus insolites,
ou les plus beaux.

Il est cependant imprudent de dire : « La
mémoire est toujours inconsciente. » (1) La mémoire est la piscine secrète où, à notre insu, le
subconscient jette son filet; mais la conscience
y pêche aussi volontiers. Cet étang plein des
poissons jadis captés au hasard par la sensation,

(1) *Le Subconscient*, p. 11.

la subconscience le connaît particulièrement
bien ; la conscience est moins habile à s'y appro-
visionner, bien qu'elle ait à son service plusieurs
méthodes utiles, telles que l'association logique
des idées ou la localisation des images. Selon
que le cerveau travaille dans la nuit ou à la lueur
du falot de la conscience, l'homme acquiert une
personnalité différente, mais, sauf les cas pa-
thologiques, l'état second n'est pas tellement
précisé que l'état premier ne puisse, sans troubler le labeur, intervenir : c'est en ces conditions,
selon ce concert, que s'achèvent la plupart des
œuvres d'abord imaginées soit par la volonté,
soit par le rêve.

Chez Newton (en y pensant toujours), le travail du subconscient est continu, mais il se relie
périodiquement à un travail volontaire ; tantôt
perçue, tantôt inconnue de la conscience, la pensée explore tous les possibles. Chez Gœthe, le
subconscient est presque toujours actif et prêt à
livrer à la volonté les œuvres multiples qu'il éla-
bore sans elle et loin d'elle. Gœthe a expliqué
cela lui-même en une page d'une lucidité miraculeuse et pleine d'enseignements (1) : « Toute

(1) Lettre à G. de Humboldt, 17 mars 1832. (*Le Subconscient*
p. 16.) Gœthe avait alors quatre-vingt-trois ans ; il mourait cinq
jours plus tard. La lettre est citée tout entière par Eckermann,
II, 331 ; la traduction de Délerot est un peu différente.

faculté d'agir et par conséquent tout talent implique une force instinctive agissant dans l'in-
conscience et dans l'ignorance des règles dont le
principe est pourtant en elles. Plus tôt un homme s'instruit, plus tôt il apprend qu'il y a un
métier, un art qui va lui fournir les moyens d'atteindre au développement régulier de ses facultés naturelles ; ce qu'il acquiert ne saurait jamais
nuire en quoi que ce soit à son individualité ori-
ginelle. Le génie par excellence est celui qui s'as-
simile tout, qui sait tout s'approprier sans pré-
judice pour son caractère inné. Ici se présentent
les divers rapports entre la conscience et l'in-
conscience. Les organes de l'homme, par un
travail d'exercice, d'apprentissage, de réflexion
persistante et continue, par les résultats obtenus,
heureux ou malheureux, par les mouvements
d'appel et de résistance, ces organes amalgament,
combinent inconsciemment ce qui est instinct et
ce qui est acquis, et de cet amalgame, de cette
chimie à la fois inconsciente et consciente, il ré-
sulte finalement un ensemble harmonieux dont
le monde s'émerveille. Voici tantôt plus de soixante ans que la conception de Faust m'est venue
en pleine jeunesse, parfaitement nette, distincte,
toutes les scènes se déroulant devant mes yeux
dans leur ordre de succession ; le plan, depuis

ce jour, ne m'a pas quitté, et vivant avec cette idée, je la reprenais en détail et j'en composais tour à tour les morceaux qui dans le moment m'intéressaient davantage ; de telle sorte que, quand cet intérêt m'a fait défaut, il en est résulté des lacunes, comme dans la seconde partie. La difficulté était là d'obtenir par force de volonté, ce qui ne s'obtient, à vrai dire, que par acte spontané de la nature. » Il arrive aussi, tout au contraire, qu'une œuvre antérieurement conçue, et dont on repousse l'exécution, finisse par s'imposer à la volonté. Il semble alors que le subconscient déborde et submerge la conscience ; il dicte ce que l'on n'écrit qu'avec répugnance. C'est l'obsession que rien ne décourage et qui triomphe même des paresses les plus nonchalentes, des dégoûts les plus violents. Ensuite, on éprouve fréquemment, le travail accompli, une sorte de satisfaction, analogue à la satisfaction morale. L'idée du devoir qui, mal comprise, fait tant de ravages dans les consciences craintives, est sans doute une élaboration du subconscient : l'obsession est peut-être la force qui pousse au sacrifice, comme elle est celle qui pousse au suicide.

Schopenhauer comparait à la rumination le travail obscur et continu du subconscient au milieu des perceptions prisonnières dans la mémoire. Cette rumination, toute physiologique, peut suffire à modifier des croyances ou des convictions; Hartmann a constaté qu'une idée ennemie, d'abord écartée, s'était au bout de quelque temps substituée en lui à l'idée habituelle qu'il avait d'un homme ou d'un fait. « Après des jours, des semaines ou des mois, si on a l'envie ou l'occasion d'exprimer son opinion sur le même sujet, on découvre, à son grand étonnement, qu'on a subi une véritable révolution mentale, que les anciennes opinions, dont on se considérait jusque-là comme réellement convaincu, ont été complètement abandonnées et que les idées nouvelles se sont tout à fait implantées à leur place. Ce processus inconscient de digestion et d'assimilation mentale, j'en ai souvent fait sur moi-même l'expérience; et d'instinct, je me suis toujours gardé d'en troubler le cours par une réflexion prématurée, toutes les fois qu'il se produisait en moi à propos de questions importantes, qui intéressaient mes conceptions sur le monde et sur l'esprit (1). » Cette observation pourrait être appliquée au phénomène si intéressant de la conversion. Il n'est pas douteux que des gens se sont un jour sentis amenés

(1) *Le subconscient,* p. 24.

ou ramenés aux idées religieuses, qui n'avaient
ni le désir, ni la crainte, ni l'espoir de ce revirement. Dans une conversion, la volonté ne peut
agir qu'après un long travail du subconscient et
lorsque tous les éléments de la conviction nouvelle ont été secrètement rassemblés et combi-
nés. Cette force nouvelle où le converti s'appuie
et dont il ignore l'origine, c'est ce que la théologie appelle la grâce; la grâce est le résultat d'un
labeur subconscient: la grâce est subconsciente.

Comme Hartmann, mais par instinct et non
plus par préconception philosophique, Alfred de
Vigny se fiait au subconscient du soin de mûrir
ses idées; mûres, il les retrouvait; elles venaient
d'elles-mêmes s'offrir, riches de toutes leurs conséquences. On peut supposer que, comme chez
Gœthe, c'était là un subconscient à lointaine
échéance, du papier long, très long, car M. de
Vigny laissa entre telles de ses œuvres d'inhabi-
tuels intervalles. Il est très probable que, s'il y
a des subconscients inactifs, il en est d'autres
qui, après une période active, cessent tout à coup
de travailler, soit qu'une usure précoce, soit
qu'une modification de rapports ait eu lieu dans
les cellules cérébrales. Racine offre l'exemple
singulier d'un silence de vingt ans coupé juste
au milieu par deux œuvres qui n'ont qu'une res-

semblance formelle avec celles de sa phase première. Peut-on supposer que ce fut par scrupule
religieux qu'il a pendant si longtemps refusé
d'écouter les suggestions du subconscient? Peut-
on supposer que la religion qui avait modifié la
nature de ses perceptions avait en même temps
diminué la puissance physiologique de son cerveau? Cela serait contraire à toutes les autres
observations qui démontrent au contraire qu'une
croyance nouvelle est un excitant nouveau. Il
semble donc probable que Racine se tut parce
qu'il n'avait presque plus rien à dire, tout sim-
plement : c'est une aventure commune, et il trouva dans la religion la consolation commune.

Il faudrait donc distinguer deux sortes de subconscients : celui dont l'énergie est brève et forte
et celui dont la force, moins ardente, est plus
durable. Les deux extrêmes se manifestent dans
l'homme qui produit, tout jeune, une œuvre re-
marquable, puis s'abstient ; et dans l'homme qui
offre pendant des soixante ans, le spectacle d'un
labeur médiocre, inutile et continu. Il s'agit naturellement des œuvres où l'intelligence imaginative a la plus grande part, des œuvres dont le
subconscient est toujours le maître collaborateur.

Plus pratiquement, et à un tout autre point
de vue, M. Chabaneix, après avoir étudié le sub-

conscient continu, le divise en subconscient nocturne et en subconscient à l'état de veille. Le
subconscient nocturne est onirique ou préoniri-
que, s'il s'agit du sommeil ou des instants qui
précèdent le sommeil. Maury, qui en était particulièrement affligé, a traité avec soin des hallucinations qui se forment au moment où l'on
ferme les yeux pour s'endormir; on ne voit pas
que ces hallucinations appelées hypnagogiques,
et qui sont presque toujours visuelles, puissent
avoir une action spéciale sur les idées en travail
dans un cerveau ; ce sont des embryons de rêves
qui n'influencent qu'à la manière des rêves le
cours de la pensée. Il arrive que le travail conscient du cerveau se prolonge durant le rêve et
même se parachève et qu'au réveil, sans réflexion,
sans peine, on se trouve maître d'un problème,
d'un poème, d'une combinaison que l'esprit,
dans la veille, avait été impuissant à trouver.
Burdach, professeur à Kœnigsberg, fit en rêve
plusieurs découvertes physiologiques qu'il put
ensuite vérifier. Un rêve fut parfois le point de
départ d'une œuvre; parfois une œuvre fut entièrement conçue et exécutée pendant le sommeil. Il est cependant fort probable que c'est
la raison consciente qui, au réveil, jugeant et
rectifiant spontanément le rêve, lui donne sa vé-

ritable valeur et le dépouille de cette incohérence particulière aux songes les plus sensés.

A l'état de veille, l'inspiration semble la manifestation la plus claire du subconscient dans le
domaine de la création intellectuelle. Sous sa
forme aiguë, l'inspiration se rapprocherait beaucoup du somnambulisme. Certaines attitudes de
Socrate (d'après Aulu-Gelle), de Diderot, de
Blake, de Shelley, de Balzac, donnent de la force
à cette opinion. Le Dr Régis (1) dit que les hommes de génie furent presque tous des « dormeurs
éveillés »; mais le dormeur éveillé est assez souvent un « distrait », celui dont l'esprit se con-
centre volontairement sur un problème. Ainsi
l'excès et l'absence de conscience psychologique se manifesteraient, en certains cas, par d'i-
dentiques phénomènes. A quoi pensait Socrate
pendant ses journées d'immobilité? Pensait-il?
Avait-il connaissance de sa pensée? Les fakirs
pensent-ils? Et Beethoven, lorsque, sans chapeau,
sans habit, il se laissait arrêter comme vagabond?
Etait-il en obsession volontaire ou en quasi-som-
nambulisme? Savait-il à quoi il pensait si fortement, ou bien son travail cérébral était-il inconscient? Stuart Mill composa sa logique dans les

(1) *Préface* du *Subconscient*.

5

rues de Londres, pendant le trajet quotidien de
sa maison aux bureaux de la Compagnie des
Indes; croira-t-on que cet ouvrage ne fut pas
ordonné en état de conscience parfaite? Ce qui
était subconscient chez Stuart Mill c'était, dit
M. Chabaneix (1), l'effort pour se guider dans
une rue populeuse; « il y a là automatisme des
centres inférieurs ». Ce renversement des termes,
plus fréquent que ne l'ont cru certains psycho-
logues, peut faire naître des doutes sur la véritable nature de l'inspiration. On devra tout au
moins rechercher si, à partir du moment où commence la réalisation, même purement cérébrale,
d'une œuvre, il est possible que le travail demeure
tout à fait subconscient. La lettre de Mozart n'explique que Mozart : « Quand je me sens bien et que
je suis de bonne humeur, soit que je voyage en
voiture ou que je me promène après un bon repas,
ou dans la nuit, quand je ne puis dormir, les
pensées me viennent en foule et le plus aisément
du monde. D'où et comment m'arrivent-elles?
Je n'en sais rien, je n'y suis pour rien. Celles qui
me plaisent, je les garde dans ma tête et je les
fredonne, à ce que du moins m'ont dit les autres.
Une fois que je tiens mon air, un autre bientôt

(1) P. 93.

vient s'ajouter au premier. L'œuvre grandit, je
l'entends toujours et la rends de plus en plus
distincte, et la composition finit par être tout
entière achevée dans ma tête, bien qu'elle soit
longue... Tout cela se produit en moi comme
dans un beau songe très distinct... Si je me mets
ensuite à écrire, je n'ai plus qu'à tirer du sac de
mon cerveau ce qui s'y est accumulé précédem-
ment, comme je l'ai dit. Aussi le tout ne tarde
guère à se fixer sur le papier. Tout est déjà parfaitement arrêté et il est rare que ma partition
diffère beaucoup de ce que j'avais auparavant
dans ma tête. On peut sans inconvénient me
déranger pendant que j'écris... (1). » Tout est
donc subconscient dans Mozart, et le labeur ma-
tériel de l'exécution n'est plus guère qu'un travail
de copie. J'ai vu un écrivain ne pas oser corriger ses rédactions spontanées, de peur de commettre des fautes de ton : il se rendait compte
que l'état dans lequel il corrigerait était très différent de l'état où il se trouvait pendant la période
d'exécution, qui avait été en même temps celle
de la conception. Un mot entendu, une attitude
entrevue, un personnage singulier croisé dans la
rue étaient souvent le seul prétexte de ses contes, qu'il improvisait en trois ou quatre heures;

(1) *Le Subconscient*, p. 93, d'après Jahm.

s'il suivait un plan antérieur, presque toujours, dès la première page écrite, il l'abandonnait, achevant son récit d'après une logique nouvelle, arrivant à une conclusion tout à fait différente de celle qui, la première fois, lui avait paru la meilleure. Quelques-uns de ces plans avaient parfois été écrits sous une si forte influence du subconscient qu'il ne les comprenait plus, ne les reconnaissait qu'à l'écriture, ne pouvait les situer dans le passé que grâce au genre du papier, à la couleur de l'encre. D'autres projets, se rapportant à des œuvres plus longues, lui revenaient au contraire, fréquemment, à l'esprit; il avait conscience d'y songer plusieurs fois par jour et il était persuadé que c'étaient ces songeries, même vagues et inconsistantes, qui lui rendaient, aux moments de l'exécution, le travail assez facile. De fait, je ne lui ai jamais vu de sérieuses préoccupations au sujet d'œuvres qui passaient pourtant pour être d'une littérature plutôt ardue; il n'en parlait jamais et je crois bien qu'il n'y pensait consciemment qu'au moment d'en écrire les terribles premières lignes; mais, une fois le travail en train, presque toute sa vie intellectuelle s'y concentrait, les périodes de rumination subconsciente rejoignant perpétuellement les périodes de méditation volontaire.

Villiers de l'Isle-Adam avait, autant que j'ai
pu m'en rendre compte, cette méthode de travail : l'idée entrée dans son esprit, et il arrivait
qu'elle y entrât soudain, au cours d'une conversation principalement, car il était grand causeur
et il profitait de tout, l'idée entrée d'abord par
la petite porte, timidement, sans faire de bruit,
s'installait bientôt comme chez elle, envahissait
toutes les réserves du subconscient, puis, de temps
à autre, montait à la conscience et obligeait
réellement Villiers à obéir à l'obsession ; alors
quel que fût son interlocuteur, il parlait ; il parlait même seul, et d'ailleurs, quand il parlait son
idée, il parlait toujours comme s'il eût été seul.
J'entendis ainsi, par lambeaux, plusieurs de ses
derniers contes ; et même un jour que nous étions
assis à la terrasse d'un café du boulevard, j'eus
l'illusion d'écouter de véritables divagations où
revenait périodiquement cette affirmation : « Il
y avait un coq ! Il y en avait un ! » Je ne compris
que plus tard, après plusieurs mois, quand parut
le *Chant du Coq*. Parlant sur un ton sourd, il
ne s'adressait pas à moi. Cependant, son but
conscient, en retournant ses idées à haute voix,
était de chercher à deviner l'effet qu'elles pro-
duisaient sur un auditeur ; mais, peu à peu, ce
but s'obscurcissait : c'était le subconscient

5.

qui parlait pour lui. Il avait le travail lent :
il y a cinq ou six manuscrits superposés de
de l'*Ève future*, et le premier est tellement différent du dernier que seul le nom d'Edison peut
servir à les relier l'un à l'autre. On dit assez
souvent d'un homme qui n'a écrit que peu, qu'il
a peu travaillé : je suis persuadé que Villiers de
l'Ile-Adam n'a jamais cessé un instant de travailler, même pendant son sommeil. Malgré le blo-
cus quelquefois absolu que ses idées établissaient
autour de son attention, nul esprit n'était plus
rapide ni mieux doué pour la riposte; il ne con-
naissait pas le crépuscule du réveil : après la nuit
la plus brève, il se retrouvait, au coup même du
sursaut, en pleine possession de toute sa lucidité,
de toute sa verve. Quoiqu'il fût bien l'homme
de sa littérature, on trouverait en lui l'esquisse
d'une double personnalité, mais où le conscient
et l'inconscient seraient si enchevêtrés l'un dans
l'autre qu'il serait difficile d'en faire le départ-
tage; il serait aisé, au contraire, d'écrire deux
vies de Mozart, l'une de l'homme social, l'autre
de l'homme en état second, toutes les deux parfaitement légitimes.

Baudelaire disait : L'inspiration, c'est de travailler tous les jours. Mais cet aphorisme ne
semble pas le résumé de son expérience person-

nelle. Le travail quotidien, régulier, c'est, pour
ainsi dire, l'inspiration régularisée, domestiquée,
asservie. Les termes ne sont pas contradictoires,
car il est certain qu'alors l'état second, devenant
périodique, peut n'en devenir que plus profond.
L'habitude, si puissante, se joint à la nature
pour renforcer un état psychologique qui devient
alors un véritable besoin; ceux qui se sont as-
treints au labeur de tous les jours, s'il leur arrive de s'y soustraire, surtout en restant dans
le même milieu, éprouvent, pendant et après les
heures de l'accès périodique, un certain malaise,
parfois une vraie souffrance: le remords n'a
peut-être pas d'autre origine, qu'il s'agisse d'un
acte habituel qui n'a pas été accompli, ou d'un
acte inhabituel qui a violemment troublé la marche coutumière des journées.

L'inspiration, si elle est un état second, peut
donc être un état second provoqué par la volonté. Il n'est pas douteux que des artistes, des
écrivains, des savants peuvent travailler quand
il le faut, sans préparation, aiguillonnés seulement
par la nécessité et, d'autre part, que les œuvres
ainsi produites sont tout aussi bonnes que celles
dont l'exécution n'a été déterminée que par un
désir de réalisation. Cela ne signifie pas que le
subconscient soit inactif pendant le travail volon-

tairement commencé, mais son activité a été pro-
voquée. Il y a donc un subconscient qui n'est pas
spontané, qui vient se mêler au conscient quand
la volonté en a besoin, mais qui, peu à peu, au
cours d'un travail, se substitue à la volonté. Il
suffit souvent de se mettre à la besogne pour
sentir que s'évanouissent une à une toutes les
difficultés qui paralysaient l'effort, mais il est possible que ce raisonnement soit paralogique et
que le travail ne soit précisément devenu possible que par l'affaiblissement préalable des obstacles qui se dressaient d'abord devant l'esprit.
Dans l'un ou l'autre cas, d'ailleurs, il y a intervention évidente des forces subconscientes.

Comment une sensation devient-elle une image;
l'image, une idée; comment l'idée se développe-
t-elle; comment prend-elle la forme qui nous
semble la meilleure; comment, s'il s'agit d'écriture, la mémoire verbale est-elle mise à contri-
bution? Autant de questions qui me semblent
insolubles et dont la solution serait pourtant nécessaire à qui voudrait donner une définition précise de l'inspiration. « Pour la création originale, écrit M. Ribot (1), ni la réflexion ni la vo-

_____

(1) *Psychologie des Sentiments.* — G. de Humboldt disait :
« La raison combine, modifie et dirige; elle ne peut créer, parce
que le principe de vie n'est pas en elle. (*Idées sur la nouvelle
Constitution française.*)

lonté ne suppléent l'inspiration. » Sans doute,
mais la réflexion et la volonté peuvent cependant
avoir leur rôle dans l'évolution de ce phénomène mystérieux et, d'autre part, les cas sont assez
rares de pur automatisme intellectuel. Il faut
sans doute supposer que les hommes capables
de subir l'heureuse influence de l'inspiration sont
aussi des hommes plus que les autres capables
de sentir avec force et avec fréquence les chocs du
monde extérieur. Les imaginatifs sont aussi des
sensitifs. Il faut que les réserves de leur cerveau
soient très riches en éléments ; cela suppose un
apport constant de la sensation ; cela suppose
donc une sensibilité très vive et une capacité de
sentir incessamment renouvelée. Cette sensibilité
appartient encore en grande partie au domaine
du subconscient ; il y a, selon l'expression de
Leibnitz, « les pensées dont ne s'aperçoivent pas
notre âme », il y a aussi les sensations dont ne
s'aperçoivent pas nos sens, et ce sont peut-être
celles-ci qui, de même qu'elles sont entrées, sortent subconsciemment. Les observations les plus
fructueuses sont celles que l'on a faites sans le
savoir ; vivre sans penser à la vie est souvent le
meilleur moyen d'apprendre à connaître la vie.
Après un demi-siècle et plus un homme voit
surgir devant lui le milieu, le paysage, les faits

de son enfance indifférente; enfant, il avait vécu
dans le monde extérieur comme dans une dépendance de lui-même, avec un souci purement
physiologique; il avait vu sans voir, et voici que,
tandis que tout l'intermédiaire reste brumeux,
c'est la période de ses sensations les plus fuga-
ces qui remonte et s'avive devant ses yeux. Il est
bien évident que la sensation entrée en nous sans
que nous en ayons eu conscience ne peut, à aucun
moment, être volontairement évoquée; mais la
sensation consciente peut, au contraire, nous
revenir à l'improviste, sans nul concours de la
volonté. Le subconscient a donc pouvoir sur
deux ordres de sensations et la conscience n'en
a qu'un seul à sa disposition: cela peut expliquer pourquoi la volonté et la réflexion ont une
part si restreinte dans les créations de la littérature ou de l'art.

Mais quelle est leur part dans le reste de la
vie?

En principe, l'homme est un automate, et il
semble que dans l'homme la conscience soit un
gain, une faculté surajoutée. Il ne faut pas s'y
tromper: l'homme qui marche, qui agit, qui parle
n'est pas nécessairement conscient ni jamais tout
à fait conscient. La conscience est sans doute,
si on prend le mot dans son sens précis et abso-

lu, l'apanage du petit nombre. Réunis en foule,
les hommes deviennent particulièrement auto-
matiques, et d'abord leur instinct de se réunir, de
faire à un moment donné tous la même chose
témoigne bien de la nature de leur intelligence.
Comment supposer une conscience et une volonté
aux membres de ces cohues qui, aux jours de
fête ou de troubles, se pressent tous vers le
même point, avec les mêmes gestes et les mêmes
cris? Ce sont des fourmis qui sortent après l'on-
dée de dessous les brins d'herbe, et voilà tout.
L'homme conscient qui se mêle naïvement à la
foule, qui agit dans le sens de la foule, perd sa
personnalité; il n'est plus qu'un des suçoirs de la
grande pieuvre factice, et presque toutes ses sensations vont mourir vainement dans le cerveau
collectif de l'hypothétique animal; de ce contact,
il ne rapportera à peu près rien; l'homme qui
sort de la foule n'a qu'un souvenir, comme le
noyé qui émerge, celui d'être tombé dans l'eau.

C'est parmi le petit nombre des élus de la
conscience qu'il faut chercher les exemplaires
véritablement supérieurs d'une humanité dont
ils sont, non les conducteurs, ce qui serait fâcheux et contredirait trop l'instinct, mais les juges. Cependant grave sujet de méditation, ces
hommes surélevés n'atteignent toute leur valeur

qu'aux moments où la conscience, devenant subconsciente, ouvre les écluses du cerveau et laisse
se précipiter vers le monde les flots rénovés des
sensations qu'ils doivent au monde. Ils sont de
magnifiques instruments dont le subconscient
seul joue avec génie; lui aussi, le génie, est subconscient. Goethe est le type de ces hommes doubles et le héros suprême de l'humanité intellectuelle.

Il y a d'autres hommes non moins rares, mais
moins complets, chez lesquels la volonté ne joue
qu'un rôle fort ordinaire et qui ne sont rien dès
qu'il ne sont plus sous l'influence du subconscient.
Leur génie n'en est souvent que plus pur et plus
énergique; ils sont des instruments plus dociles
sous le souffle du Dieu inconnu. Mais comme
Mozart, ils ne savent ce qu'ils font; ils obéissent
à une force irrésistible. Voilà pourquoi Gluck
faisait transporter son piano au milieu d'une
prairie, en plein soleil; voilà pourquoi Haydn
contemplait une bague, pourquoi Crébillon vivait
parmi une meute de chiens, pourquoi Schiller
respirait fréquemment l'odeur des pommes pour-
ries dont il avait rempli le tiroir de sa table de
travail. Telles sont les moindres fantaisies du
subconscient; il a de pires exigences.

III

LA DISSOCIATION DES IDÉES

LA DISSOCIATION DES IDÉES

Il y a deux manières de penser : ou accepter telles qu'elles sont en usage les idées et les associations d'idées, ou se livrer, pour son compte personnel, à de nouvelles associations et, ce qui est plus rare, à d'originales dissociations d'idées. L'intelligence capable de tels efforts est, plus ou moins, selon le degré, et selon l'abondance et la variété de ses autres dons, une intelligence créatrice. Il s'agit ou d'imaginer des rapports nouveaux entre les vieilles idées, les vieilles images, ou de séparer les vieilles idées, les vieilles images unies par la tradition, de les considérer une à une, quitte à les remarier et à ordonner une infinité de couples nouveaux qu'une nouvelle opération désunira encore, jusqu'à la formation toujours équivoque et fragile de nouveaux liens. Dans le domaine des faits et de l'expérience ces opérations se trouveraient limitées par la résistance de la matière et l'intolérance des lois physiques ; dans le domaine purement intellec-

tuel, elles sont soumises à la logique ; mais la logique étant elle-même un tissu intellectuel, ses
complaisances sont presque infinies. Véritablement l'association et la dissociation des idées (ou
des images : l'idée n'est qu'une image usée) évoluent selon des méandres qu'il est impossible de
déterminer et dont il est difficile même de suivre
la direction générale. Il n'est pas d'idées si éloignées, d'images si hétéroclites que l'aisance dans
l'association ne puisse joindre au moins pour un
instant. Victor Hugo, voyant un câble qu'on
entoure de chiffons à l'endroit où il porte sur
une arête vive, voit en même temps les genoux
des tragédiennes qui sont matelassés contre les
chutes dramatiques du cinquième acte (1) ; et ces
deux choses si loin, un cordage amarré sur un
rocher et les genoux d'une actrice se trouvent,
le temps de notre lecture, évoquées dans un
parallèle qui nous séduit parce que les genoux
et la corde, les uns en dessus, l'autre en dessous, au pli, sont également « fourrés » (2), parce
que le coude que fait un câble ainsi jeté ressemble assez à une jambe pliée, parce que la situation de Giliatt est parfaitement tragique et enfin

(1) Les Travailleurs de la mer; IIᵉ partie, livre 1ᵉʳ, u.
(2) Terme technique.

parce que, tout en percevant la logique de ces
rapprochements, nous en percevons, non moins
bien, la délicieuse absurdité.

De telles associations sont nécessairement des
plus fugitives, à moins que la langue ne les adopte et n'en fasse un de ces tropes dont elle aime
à s'enrichir; il ne faudrait pas être surpris que
ce pli d'un câble s'appelât le « genou » du câble.
En tout cas, les deux images restent prêtes à
divorcer; le divorce règne en permanence dans
le monde des idées, qui est le monde de l'amour
libre. Les gens simples parfois en demeurent
scandalisés; celui qui, pour la première fois,
selon que l'un ou l'autre des termes est le plus
ancien, osa dire la « bouche » ou la « gueule »
d'un canon fut sans doute accusé soit de précio-
sité soit de grossièreté. S'il est malséant de
parler du genou d'un cordage, il ne l'est point
d'évoquer le « coude » d'un tuyau ou la « panse »
d'un flacon. Mais ces exemples ne sont donnés
que comme types élémentaires d'un mécanisme
dont la pratique nous est plus familière que la
théorie. Nous laisserons de côté toutes les images
encore vivantes pour ne nous occuper que des
idées, c'est-à-dire de ces ombres tenaces et fu-
gaces qui s'agitent éternellement effarées dans
les cerveaux des hommes.

Il y a des associations d'idées tellement durables qu'elles paraissent éternelles, tellement étroites qu'elles ressemblent à ces étoiles doubles
que l'œil nu en vain cherche à dédoubler. On les
appelle volontiers des « lieux communs ». Cette
expression, débris d'un vieux terme de rhétorique, *loci communes sermonis*, a pris, surtout
depuis les développements de l'individualisme
intellectuel, un sens péjoratif qu'elle était loin de
posséder à l'origine, et encore au dix-septième
siècle. En même temps qu'elle s'avilissait, la
signification du « lieu commun » s'est rétrécie
jusqu'à devenir une variante de la banalité, du
déjà vu, déjà entendu, et, pour la foule des esprits imprécis, le lieu commun est un des synonymes de cliché. Or le cliché porte sur les mots
et le lieu commun sur les idées; le cliché qualifie la forme ou la lettre, l'autre le fond ou
l'esprit. Les confondre, c'est confondre la pensée
avec l'expression de la pensée. Le cliché est immédiatement perceptible; le lieu commun se
dérobe très souvent sous une parure originale. Il
n'y a pas beaucoup d'exemples, en aucune littérature, d'idées nouvelles exprimées en une forme
nouvelle ; l'esprit le plus difficile doit se contenter le plus souvent de l'un ou de l'autre de
ces plaisirs, trop heureux quand il n'est pas

privé à la fois de tous les deux ; cela n'est pas
très rare.

Le lieu commun est plus et moins qu'une
banalité : c'est une banalité, mais parfois inéluc-
table ; c'est une banalité, mais si universellement acceptée qu'elle prend alors le nom de vérité. La plupart des vérités qui courent le monde
(les vérités sont très coureuses) peuvent être
regardées comme des lieux communs, c'est-à-dire des associations d'idées communes à un grand
nombre d'hommes et que presque aucun de ces
hommes n'oserait briser de propos délibéré.
L'homme, malgré sa tendance au mensonge, a
un grand respect pour ce qu'il appelle la vérité ;
c'est que la vérité est son bâton de voyage à travers la vie, c'est que les lieux communs sont le
pain de sa besace et le vin de sa gourde. Privés
de la vérité des lieux communs, les hommes se
trouveraient sans défense, sans appui et sans
nourriture. Ils ont tellement besoin de vérités
qu'ils adoptent les vérités nouvelles sans rejeter
les anciennes ; le cerveau de l'homme civilisé est
un musée de vérités contradictoires. Il n'en est
pas troublé, parce qu'il est successif. Il rumine
ses vérités les unes après les autres. Il pense
comme il mange. Nous vomirions d'horreur si
l'on nous présentait dans un large plat, mêlés à

du bouillon, à du vin, à du café, les divers ali-
ments depuis les viandes jusqu'aux fruits qui
doivent former notre repas « successif » ; l'horreur serait aussi forte si l'on nous faisait voir l'a-
malgame répugnant des vérités contradictoires
qui sont logées dans notre esprit. Quelques intelligences analytiques ont essayé en vain d'opérer
de sang-froid l'inventaire de leurs contradictions ;
à chaque objection de la raison le sentiment op-
posait une excuse immédiatement valable, car les
sentiments, comme l'a indiqué M. Ribot, sont ce
qu'il y a de plus fort en nous où ils représentent
la permanence et a continuité. L'inventaire des
contradictions d'autrui n'est pas moins difficile,
s'il s'agit d'un homme en particulier ; on se heurte
à l'hypocrisie qui a précisément pour rôle social
d'être le voile qui dissimule l'éclat trop vif des
convictions bariolées. Il faudrait donc interroger
tous les hommes, c'est-à-dire l'entité humaine,
ou du moins des groupes d'hommes assez nombreux pour que le cynisme des uns y compense
l'hypocrisie des autres.

Dans les régions animales inférieures et dans
le monde végétal, le bourgeonnement est un des
modes de création de la vie ; on voit également
se produire la scissiparité dans le monde des
idées, mais le résultat, au lieu d'être une vie nou-

velle, est une abstraction nou·elle. Toutes les
grammaires générales ou les traités élémentaires de logique enseignent comment se forment
les abstractions; on a négligé d'enseigner comment elles ne se forment pas, c'est-à-dire pourquoi tel lieu commun persiste à vivre sans pos-
térité. C'est assez délicat, mais cela prêterait à
des remarques intéressantes ; on appellerait ce
chapitre les lieux communs réfractaires ou im-
possibilité de certaines dissociations d'idées. Il
serait peut-être utile d'examiner d'abord comment les idées s'associent entre elles et dans
quel but. Le manuel de cette opération est des
plus simples; son principe est l'analogie. Il y a
des analogies très lointaines; il y en a de si
prochaines qu'elles sont à la portée de toutes les
mains. Un grand nombre de lieux communs ont
une origine historique : deux idées se sont unies
un jour sous l'influence des événements et cette
union fut plus ou moins durable. L'Europe
ayant vu de ses yeux l'agonie et la mort de Byzance accoupla ces deux idées, Byzance — Décadence, qui sont devenues un lieu commun,
une incontestable vérité pour tous les hommes
qui écrivent et qui lisent, et nécessairement,
pour tous les autres, pour ceux qui ne peuvent
contrôler les vérités qu'on leur propose. De By-

zance, cette association d'idées s'est étendue à
l'Empire romain tout entier, qui n'est plus, pour
les historiens sages et respectueux, qu'une suite
de décadences. On lisait récemment dans un
journal grave : « Si la forme despotique avait
une vertu particulière, constitutive de bonnes
armées, est-ce que l'avènement de l'empire n'aurait pas été une ère de développement dans la
puissance militaire des Romains ? Ce fut au contraire le signal de la débâcle et de l'effondre-
ment (1). » Ce lieu commun d'origine chrétienne
a été popularisé dans les temps modernes,
comme on le sait, par Montesquieu et par Gibbon ;
il a été magistralement dissocié par M. Gaston
Paris (2) et n'est plus qu'une sottise. Mais comme
sa généalogie est connue, comme on l'a vu naître et mourir, il peut servir d'exemple et faire
comprendre assez bien ce que c'est qu'une grande vérité historique.

Le but secret du lieu commun, en se formant,
est en effet d'exprimer une vérité. Les idées iso-
lées ne représentent que des faits ou des abstractions ; pour avoir une vérité il faut deux facteurs,
il faut, c'est le mode de génération le plus ordinaire, un fait et une abstraction. Presque toute

(1) *Le Temps*, 31 octobre 1899.
(2) *Romania*, tome I, page 1.

vérité, presque tout lieu commun se résout en
ces deux éléments.

Concurremment à lieu commun, on pourrait
presque toujours employer le mot « vérité », ainsi
défini un fois pour toutes : un lieu commun non
encore dissocié; la dissociation étant analogue
à ce qu'on appelle analyse, en chimie. L'analyse
chimique ne conteste ni l'existence ni les qualités
du corps qu'elle dissocie en divers éléments,
souvent dissociables à leur tour; elle se borne à
libérer ces éléments et à les offrir à la synthèse
qui, en variant les proportions, en appelant des
éléments nouveaux, obtiendra, si cela lui plaît,
des corps entièrement différents. Avec les débris d'une vérité, on peut faire une autre vérité
« identiquement contraire », travail qui ne serait
qu'un jeu, mais encore excellent comme tous les
exercices qui assouplissent l'intelligence et l'a-
cheminent vers l'état de noblesse dédaigneuse où
elle doit aspirer.

Il y a cependant des vérités que l'on ne songe
ni à analyser ni à nier; elles sont incontestables,
soit qu'elles nous aient été fournies par l'expérience séculaire de l'humanité, soit qu'elles fassent partie des axiomes de la science. Le prédi-
cateur qui s'écriait en chaire devant Louis XIV :
« Nous mourrons tous, Messieurs! » proférait

une vérité que le froncement des sourcils du roi
ne prétendait pas sérieusement contester. Elle
est pourtant de celles qui ont eu sans doute le plus
de mal à s'établir, elle est de celles qui ne sont
pas encore universellement admises. Ce n'est pas
du premier coup que les races aryennes joigni-
rent ces deux idées, l'idée de mort et l'idée de
nécessité; beaucoup de peuplades noires n'y sont
pas parvenues. Pour le nègre, il n'y a pas de
mort naturelle, de mort nécessaire. A chaque
décès on consulte le sorcier afin d'apprendre de
lui quel est l'auteur de ce crime secret et magi-
que. Nous en sommes encore un peu à cet état
d'esprit et toute mort prématurée d'un homme célèbre fait aussitôt courir des bruits d'empoison-
nement, de meurtre mystérieux. Tout le monde
se souvient des légendes nées à la mort de Gam-
betta, de Félix Faure; elles se rejoignent naturellement à celles qui émurent la fin du dix-
septième siècle, à celles qui assombrirent, bien
plus que des faits sans doute rares, le seizième
siècle italien. Stendhal, en ses anecdotes romaines, abuse de cette superstition du poison
qui devait encore, de nos jours. faire plus d'une
victime judiciaire.

L'homme associe les idées non pas selon la
logique, selon l'exactitude vérifiable, mais selon

son plaisir et son intérêt. C'est ce qui fait que la
plupart des vérités ne sont que des préjugés;
celles qui sont le plus incontestables sont aussi
celles qu'il s'efforça toujours de sournoisement
combattre par la ruse du silence. La même inertie est opposée au travail de dissociation que l'on
voit s'opérer lentement sur certaines vérités.

L'état de dissociation des lieux communs de
la morale semble en corrélation assez étroite
avec le degré de la civilisation intellectuelle. Il
s'agit, là encore, d'une sorte de lutte, non des
individus, mais des peuples constitués en nation
contre des évidences qui, en augmentant l'intensité de la vie individuelle, diminuent, l'expérience permet de dire, par cela même, l'intensité
de la vie et de la force collectives. Il n'est pas
douteux qu'un homme ne puisse retirer de l'im-
moralité même, de l'insoumission aux préjugés
décalogués, un grand bienfait personnel, un
grand avantage pour son développement inté-
gral, mais une collectivité d'individus trop forts,
trop indépendants les uns des autres, ne constitue qu'un peuple médiocre. On voit alors l'instinct social entrer en antagonisme avec l'instinct
individuel et des sociétés professer comme société une morale que chacun de ses membres
intelligents, suivis par une très grande partie du

troupeau, juge vaine, surannée ou tyrannique.

On trouverait une assez curieuse illustration de ces principes en examinant l'état présent de la morale sexuelle. Cette morale, particulière aux peuples chrétiens, est fondée sur l'association très étroite de deux idées, l'idée de plaisir charnel et l'idée de génération. Quiconque, homme ou peuple, n'a pas dissocié ces deux idées n'a pas rendu la liberté dans son esprit aux éléments de cette vérité ; qu'en dehors de l'acte proprement générateur accompli sous la protection des lois religieuses ou civiles (les secondes ne sont que la parodie des premières, dans nos civilisations essentiellement chrétiennes), les relations sexuelles sont des péchés, des erreurs, des fautes, des défaillances ; quiconque adopte en sa conscience cette règle, sanctionnée par les codes, appartient évidemment à une civilisation encore rudimentaire. La plus haute civilisation étant celle où l'individu est le plus libre, le plus dégagé d'obligations, cette proposition ne serait contestable que si on la prenait pour une provocation au libertinage ou pour une dépréciation de l'ascétisme. Morale ou immorale, cela n'a ici aucune importance, elle devra, si elle est exacte, se lire au premier coup d'œil dans les faits. Rien de plus facile. Un tableau statistique de la natalité européenne mon-

trera aux raisonneurs les plus entêtés qu'il y a
un lien très strict, un lien de cause à effet, entre
l'intellectualité des peuples et leur fécondité. Il
en est de même pour les individus et pour les
groupes sociaux. C'est par faiblesse intellectuelle
que les ménages ouvriers se laissent déborder
par la progéniture. On voit dans les faubourgs
des malheureux qui, ayant procréé douze enfants,
s'étonnent de l'inclémence de la vie ; ces pauvres
gens, qui n'ont même pas l'excuse des croyances
religieuses, n'ont pas encore su dissocier l'idée
de plaisir charnel et l'idée de génération. Chez
eux la première détermine l'autre, et les gestes
obéissent à une cérébralité enfantine et presque
animale. L'homme arrivé au degré vraiment
humain limite à son gré sa fécondité ; c'est un
de ses privilèges, mais un de ceux qu'il n'atteint
que pour en mourir.

Heureuse, en effet, pour l'individu qu'elle
délivre, cette dissociation particulière l'est beaucoup moins pour les peuples. Cependant, elle
favorisera le développement ultérieur de la civilisation en maintenant sur la terre les vides
nécessaires à l'évolution des hommes.

Ce n'est qu'assez tard que les Grecs arrivèrent
à disjoindre l'idée de femme et l'idée de génération ; mais ils avaient dissocié très anciennement

l'idée de génération et l'idée de plaisir charnel.
Quand ils cessèrent de considérer la femme comme
uniquement génératrice, ce fut le commencement du règne des courtisanes. Les Grecs semblent, d'ailleurs, avoir toujours eu une morale
sexuelle fort vague, ce qui ne les a pas empê-
chés de faire une certaine figure dans l'histoire.

Le Christianisme ne pouvait sans se nier lui-
même encourager la dissociation de l'idée de plaisir charnel d'avec l'idée de génération, mais il
provoqua au contraire avec succès, et ce fut une
des grandes conquêtes de l'humanité, la dissociation de l'idée d'amour et de l'idée de plaisir
charnel. Les Égyptiens étaient si loin de pouvoir comprendre une telle disssociation que l'a-
mour du frère et de la sœur leur eût semblé nul
s'il n'eût abouti à une conjonction sexuelle. Dans
les basses classes des grandes villes, on est volontiers Égyptien sur ce point. Les différentes
sortes d'inceste qui parviennent parfois à notre
connaissance témoignent qu'un état d'esprit
analogue n'est pas absolument incompatible
avec une certaine culture intellectuelle. La forme particulièrement chrétienne de l'amour chas-
te, dégagé de toute idée de plaisir physique, est
l'amour divin, tel qu'on le voit s'épanouir dans
l'exaltation mystique des contemplateurs ; c'est

vraiment l'amour pur, puisqu'il ne correspond
à rien de définissable, c'est l'intelligence s'ado-
rant soi-même dans l'idée infinie qu'elle se fait
d'elle-même. Ce qui peut s'y mêler de sensualisme tient à la disposition même du corps humain et à la loi de dépendance des organes ; on
ne doit donc pas en tenir compte dans une
étude qui n'est pas physiologique. Ce que l'on
a appelé maladroitement l'amour platonique est
aussi une création chrétienne. C'est, en somme,
une amitié passionnée, aussi vive et aussi ja-
louse que l'amour physique, mais dégagée de
l'idée de plaisir charnel, comme cette dernière
idée s'était dégagée de l'idée de génération. Cet
état idéal des affections humaines est la première
étape de l'ascétisme, et l'on pourrait définir l'ascétisme l'état d'esprit où toutes les idées sont
dissociées.

Avec la décroissance de l'influence chrétienne,
la première étape de l'ascétisme est devenue un
gîte de moins en moins fréquenté et l'ascétisme,
devenu également rare, est souvent atteint par
une autre voie. De notre temps, l'idée d'amour
s'est rejointe très étroitement à l'idée de plaisir
physique et les moralistes s'emploient à réformer son association primitive avec l'idée de
génération. C'est une régression assez curieuse.

On pourrait essayer une psychologie historique de l'humanité en recherchant à quel degré de dissociation se trouvèrent, dans la suite
des siècles, un certain nombre de ces vérités que
les gens bien pensants s'accordent à qualifier de
primordiales. Cette méthode devrait même être
la base, et cette recherche le but même de l'histoire. Puisque tout dans l'homme se ramène à
l'intelligence, tout dans l'histoire doit se ramener
à la psychologie. Ce serait l'excuse des faits, de
comporter une explication qui ne fût pas diplomatique ou stratégique. Quelle est l'association
d'idées, ou la vérité non encore dissociée qui fa-
vorisa l'accomplissement de la mission que Jeanne
d'Arc crut tenir du ciel? Il faut, pour répondre,
trouver des idées qui aient pu se joindre également
ment dans les cerveaux français et dans les cerveaux anglais, ou une vérité alors incontestablement admise par toute la chrétienté. Jeanne
d'Arc était considérée à la fois par ses amis et
par ses ennemis comme en possession d'un pouvoir surnaturel. Pour les Anglais, c'est une sorcière très puissante ; l'opinion est unanime et les
témoignages abondent. Mais pour ses partisans?
Sans doute une sorcière aussi, ou plutôt une
magicienne. La magie n'était pas nécessairement
diabolique. Des êtres surnaturels flottaient dans

les imaginations qui n'étaient ni des anges, ni des démons, mais des Puissances que pouvait se soumettre l'intelligence de l'homme. Le magicien était le bon sorcier : sans cela aurait-on taxé de magie un homme de la science et de la sainteté d'Albert le Grand? Le soldat qui la suivait et le soldat qui combattait Jeanne d'Arc, sorcière ou magicienne, se faisaient d'elle, très probablement, une idée identique dans son obscurité redoutable. Mais si les Anglais criaient le nom de sorcière, les Français taisaient le nom de magicienne, peut-être pour la même cause qui protégea si longtemps, à travers de si merveilleuses aventures, l'usurpateur Ta-Kiang, comme cela est raconté dans l'admirable *Dragon impérial* de Judith Gautier.

Quelle idée, à telle époque, chaque classe de la société se faisait-elle du soldat? N'y aurait-il pas dans la réponse à cette question tout un cours d'histoire? En approchant de notre époque on se demanderait à quel moment se rejoignirent, dans le commun des esprits, l'idée d'honneur et l'idée de militaire? Est-ce une survivance de la conception aristocratique de l'armée? L'association s'est-elle formée à la suite des événements d'il y a trente ans, lorsque le peuple prit le parti d'exalter le soldat pour s'encourager soi-même?

Il faut comprendre cette idée d'honneur; elle en
contient plusieurs autres, les idées de bravoure,
de désintéressement, de discipline, de sacrifice,
d'héroïsme, de probité, de loyauté, de franchise,
de bonne humeur, de rondeur, de simplicité,
etc. On trouverait finalement en ce mot le résumé des qualités dont la race française se croit
l'expression. Déterminer son origine serait donc
déterminer, par cela même, l'époque où le Français commença à se croire un abrégé de toutes
les vertus fortes. Le militaire est demeuré en
France, malgré de récentes objections, le type
même de l'homme d'honneur. Les deux idées
sont unies très énergiquement; elles forment
une vérité qui n'est guère contestée à l'heure
actuelle que par des esprits d'une autorité médiocre ou d'une sincérité douteuse. Sa dissociation est donc très peu avancée, si l'on a égard
à la totalité de la nation. Cependant elle fut,
au moins pendant une minute, pendant la minute psychologique, entièrement opérée en quelques cerveaux. Il y eut là, au seul point de vue
intellectuel, un effort considérable d'abstraction
qu'on ne peut s'empêcher d'admirer quand on
regarde froidement fonctionner la machine cérébrale. Sans doute le résultat atteint ne fut pas
le produit d'un raisonnement normal; c'est dans

un accès de fièvre que la dissociation s'accomplit ; elle fut inconsciente, et elle fut momenta-
née, mais elle fut, et c'est important pour l'observateur. L'idée d'honneur avec tous ses sous-
entendus se sépara de l'idée de militaire, qui est
là l'idée de fait, l'idée femelle prête à recevoir
tous les qualificatifs, et l'on s'aperçut que, s'il y
avait entre elles un certain rapport logique, ce
rapport n'était pas nécessaire. C'est là le point
décisif. Une vérité est morte lorsqu'on a constaté que les rapports qui lient ses éléments sont
des rapports d'habitude et non de nécessité ; et
comme la mort d'une vérité est un grand bienfait pour les hommes, cette dissociation eût été
très importante si elle avait été définitive, si
elle fût restée stable. Malheureusement, après
cet effort vers l'idée pure, les vieilles habitudes
mentales retrouvèrent leur empire. L'ancien élément qualificatif fut aussitôt remplacé par un
élément à peine nouveau, moins logique que
l'ancien et encore moins nécessaire. Il apparut
que l'opération avait avorté. L'association d'i-
dées se refaisait, identique à la précédente, quoique l'un des éléments eût été retourné comme
un vieux gant : à honneur on avait substitué
déshonneur, avec toutes les idées adventices de
l'ancien élément devenues alors lâcheté, fourbe-

rie, indiscipline, fausseté, duplicité, méchanceté, etc. Cette nouvelle association d'idées peut avoir une valeur destructive; elle n'offre aucun intérêt intellectuel.

Il ressort de l'anecdote que les idées qui nous semblent les plus claires, les plus évidentes, les plus palpables pour ainsi dire, n'ont cependant pas assez de force pour s'imposer toutes nues aux esprits communs. Pour s'assimiler l'idée d'armée, un cerveau d'aujourd'hui doit l'entourer d'éléments qui n'ont qu'une corrélation de rencontre ou d'opinion avec l'idée principale. On ne peut pas demander sans doute à un humble politicien de se faire de l'armée l'idée simple que s'en faisait Napoléon : une épée. Les idées très simples ne sont à la portée que des esprits très compliqués. Il semble cependant qu'il ne serait pas absurde de ne considérer l'armée que comme la force extériorisée d'une nation ; et alors de ne demander à cette force que les qualités mêmes qu'on demande à la force. Peut-être est-ce encore trop simple?

Quel bon moment que le moment d'aujourd'hui pour étudier le mécanisme de l'association et de la dissociation des idées! On parle souvent des idées; on a écrit sur l'évolution des idées. Aucun mot n'est plus mal défini ni plus vague.

Il y a des écrivains naïfs qui dissertent sur l'Idée,
tout court; il y a des sociétés coopératives qui se
mettent tout d'un coup en marche vers l'Idée; il
y a des gens qui se dévouent à l'Idée, qui pâtis-
sent pour l'Idée, qui rêvent de l'Idée, qui vivent
les yeux fixés sur l'Idée. De quoi est-il question dans ces sortes de divagations, c'est ce que
je n'ai jamais pu savoir. Ainsi employé seul, le
mot est peut-être une déformation du mot Idéal;
peut-être aussi le qualificatif est-il sous-entendu?
Est-ce un débris erratique de la philosophie de
Hegel que la marche lente du grand glacier social
a déposé au passage en quelques têtes où il roule
et sonne comme un caillou? On ne sait pas. Employé sous une forme relative, le mot n'est pas
beaucoup plus clair dans les ordinaires phraséo-
logies; on oublie trop le sens primitif du mot et
que l'idée n'est qu'une image parvenue à l'état
abstrait, à l'état de notion ; mais aussi qu'une
notion, pour avoir droit au nom d'idée, doit
être pure de toute compromission avec le con-
tingent. Une notion à l'état d'idée est devenue
incontestable; c'est un chiffre, c'est un signe;
c'est une des lettres de l'alphabet de la pensée.
Il n'y a pas des idées vraies et des idées fausses.
L'idée est nécessairement vraie; une idée discu-
table est une idée amalgamée à des notions

concrètes, c'est-à-dire une vérité. Le travail de
la dissociation tend précisément à dégager la
vérité de toute sa partie fragile pour obtenir
l'idée pure, une, et par conséquent inattaquable.
Mais si l'on n'usait jamais des mots que selon
leur sens unique et absolu, les liaisons seraient
difficiles dans le discours; il faut leur laisser un
peu de ce vague et de cette flexibilité dont l'usage
les a doués et, en particulier, ne pas trop insister sur l'abîme qui sépare l'abstrait du concret.
Il y a un état intermédiaire entre la glace et
l'eau fluide, c'est quand l'eau commence à se
façonner en aiguilles, quand elle craque et cède
encore sous la main qui s'y plonge : peut-être
ne faut-il pas demander même aux mots du manuel philosophique d'abdiquer toute prétention
à l'ambiguïté?

Cette idée d'armée qui excita de graves polé-
miques, qui ne fut un instant dégagée que pour
s'obscurcir à nouveau, est de celles qui touchent
au concret et dont on ne peut parler sans de
minutieuses références à la réalité; l'idée de justice, au contraire, peut se considérer en soi, *in
abstracto*. Dans l'enquête que fit M. Ribot sur
les idées générales, presque tous les patients,
prononcé devant eux le mot Justice, virent en
leur esprit la légendaire dame et ses balances.

Il y a dans cette figuration traditionnelle d'une idée abstraite une notion de l'origine même de cette idée. L'idée de justice n'est pas autre chose, en effet, que l'idée d'équilibre. La justice est le point mort de la série des actes, le point idéal où les forces contraires se neutralisent pour produire l'inertie. La vie qui aurait passé par ce point mort de la justice absolue ne pourrait plus vivre, puisque l'idée de vie, identique à l'idée de lutte de forces, est nécessairement l'idée de justice. Le règne de la justice ne pourrait être que le règne du silence et de la pétrification : les bouches se taisent, organes vains des cerveaux stupéfiés, et les gestes inachevés des membres n'écrivent plus rien, dans l'air froid. Les théologies situèrent la justice au delà du monde, dans l'éternité. C'est là seulement qu'elle peut être conçue et qu'elle peut, sans danger pour la vie, exercer une fois pour toutes sa tyrannie qui ne connaît qu'une seule sorte d'arrêts, l'arrêt de mort. L'idée de justice rentre donc bien dans la série des idées incontestables et indémontrables ; on n'en peut rien faire à l'état pur ; il faut l'associer à quelque élément de fait ou s'abstenir d'un mot qui ne correspond qu'à une inconcevable entité. A vrai dire, l'idée de justice est peut-être dissociée ici pour la pre-

7

mière fois. Sous ce nom les hommes allègent tantôt l'idée de châtiment, qui leur est très familière, tantôt l'idée de non-châtiment, idée neutre, ombre de la première. Il s'agit de châtier le coupable et de ne pas inquiéter l'innocent, ce qui impliquerait immédiatement, pour être perceptible, une définition de la culpabilité et une définition de l'innocence. Cela est difficile, ces mots du lexique moral n'ayant plus qu'une signification fuyante et toute relative. Et pourquoi, pourrait-on demander, faut-il qu'un coupable soit châtié? Il semble, au contraire, que l'innocent, que l'on suppose un homme sain et normal, soit bien plus capable de supporter le châtiment que le coupable, qui est un malade et un débile. Pourquoi ne punirait-on pas, au lieu du voleur, qui a des excuses, l'imbécile qui s'est laissé voler? C'est ce que ferait la justice si, au lieu d'être une conception théologique, elle était encore, comme elle fut à Sparte, une imitation de la nature. Rien n'existe qu'en vertu du déséquilibre, de l'injustice ; toute existence est un vol prélevé sur d'autres existences ; aucune vie ne fleurit que sur un cimetière. Si elle se voulait l'auxiliaire et non plus la négatrice des lois naturelles, l'humanité prendrait soin de protéger les forts contre la coalition des faibles et de donner

comme escabeau le peuple aux aristocrates. Il
semble au contraire que ce qu'on entende désormais par la justice ce soit, en même temps que
le châtiment des coupables, l'extermination des
puissants, et en même temps que le non-châtiment des innocents, l'exaltation des humbles.
L'origine de cette idée complexe, bâtarde et hypocrite, doit donc être recherchée dans l'évangile,
dans le « malheur aux riches » des démagogues
juifs. Ainsi comprise, l'idée de justice apparaît
contaminée à la fois par la haine et par l'envie ;
elle ne contient plus rien de son sens originaire
et l'on ne peut en faire l'analyse sans risquer
d'être dupe du sens vulgaire des mots. Cependant on démêlerait, en y prenant garde, que la
première cause de la dépréciation de ce terme
utile est venue d'une confusion entre l'idée de
droit et l'idée de châtiment; le jour où le mot
justice a voulu dire tantôt justice criminelle et
tantôt justice civile, le peuple a confondu ces
deux notions pratiques et les instituteurs du
peuple, incapables d'un effort sérieux de dissociation, ont aggravé une méprise qui d'ailleurs
servait leurs intérêts. L'idée réelle de justice
apparaît donc finalement comme entièrement
inexistante dans le mot même qui figure au vocabulaire de l'humanité; ce mot se résout à l'ana-

lyse en des éléments encore très complexes où
l'on distingue l'idée de droit et l'idée de châtiment. Mais il y a tant d'illogisme dans cet
accouplement singulier qu'on douterait de l'exactitude de l'opération, si les faits sociaux n'en
fournissaient la preuve.

Ici on pourrait examiner cette question : y a-
t-il vraiment pour le peuple, pour l'homme
moyen, des mots abstraits ? C'est peu probable.
Il semble même que, selon le degré de culture
intellectuelle, le même mot n'atteigne que des
états échelonnés d'abstraction. L'idée pure est
plus ou moins contaminée par le souci des intérêts personnels, ou de caste ou de groupe, et le
mot justice revêt ainsi, par exemple, toutes sortes de significations particulières et limitées sous
lesquelles disparaît, écrasé, son sens suprême.

Dès qu'une idée est dissociée, si on la met
ainsi toute nue en circulation, elle s'aggrège en
son voyage par le monde toutes sortes de végé-
tations parasites. Parfois, l'organisme premier
disparaît, entièrement dévoré par les colonies
égoïstes qui s'y développent. Un exemple fort
amusant de ces déviations d'idées fut donné
récemment par la corporation des peintres en
bâtiment à la cérémonie dite du « triomphe de
la république ». Ces ouvriers promenèrent une

bannière où leurs revendications de justice
sociale se résumaient en ce cri : « A bas le ripolin ! » Il faut savoir que le ripolin est une peinture toute préparée que le premier venu peut
étaler sur une boiserie; on comprendra alors
toute la sincérité de ce vœu et son ingénuité.
Le ripolin représente ici l'injustice et l'oppres-
sion; c'est l'ennemi, c'est le diable. Nous avons
tous notre ripolin et nous en colorions à notre
usage les idées abstraites qui, sans cela, ne nous
seraient d'aucune utilité personnelle.

C'est sous un de ces bariolages que l'idée de
liberté nous est présentée par les politiciens.
Nous ne percevons plus guère, en entendant ce
mot, que l'idée de liberté politique, et il semble que
toutes les libertés dont puisse jouir un homme
civilisé soient contenues dans cette expression
ambiguë. Il en est d'ailleurs de l'idée pure de
liberté comme de l'idée pure de justice; elle ne
peut nous servir à rien dans l'ordinaire de la
vie. L'homme n'est pas libre, ni la nature, pas
plus que ne sont justes ni l'homme ni la nature.
Le raisonnement n'a aucune prise sur de telles
idées ; les exprimer, c'est les affirmer, mais elles
fausseraient nécessairement toutes les thèses où
on voudrait les faire entrer. Réduite à son sens
social, l'idée de liberté est encore mal dissociée ;

7.

il n'y a pas d'idée générale de liberté, et il est
difficile qu'il s'en forme une, puisque la liberté
d'un individu ne s'exerce qu'aux dépens de la
liberté d'autrui. Jadis, la liberté s'appelait le
privilège ; à tout prendre, c'est peut-être son
véritable nom ; encore aujourd'hui, une de nos
libertés relatives, la liberté de la presse, est un
ensemble de privilèges; privilèges aussi la liberté de la parole concédée aux avocats; privilèges,
la liberté syndicale, et demain, la liberté d'association telle qu'on nous la propose. L'idée de
liberté n'est peut-être qu'une déformation em-
phatique de l'idée de privilège. Les Latins, qui
firent un grand usage du mot liberté, l'entendaient tel que le privilège du citoyen romain.

On voit qu'il y a souvent un écart énorme
entre le sens vulgaire d'un mot et la signification
réelle qu'il a au fond des obscures consciences
verbales, soit parce que plusieurs idées associées sont exprimées par un seul mot, soit
parce que l'idée primitive a disparu sous l'envahissement d'une idée secondaire. On peut donc
écrire, surtout s'il s'agit de généralités, des
suites de phrases ayant à la fois un sens ouvert
et un sens secret. Les mots, qui sont des signes,
sont presque toujours aussi des chiffres; le langage conventionnel inconscient est fort usité,

et il y a même des matières où c'est le seul en usage. Mais chiffre implique déchiffrement. Il est malaisé de comprendre l'écriture la plus sincère et l'auteur même de l'écriture y échoue souvent, parce que le sens des mots varie non seulement d'un homme à un autre homme, mais, des moments d'un homme aux autres moments du même homme. Le langage est ainsi une grande cause de duperie. Il évolue dans l'abstraction, et la vie évolue dans la réalité la plus concrète ; entre la parole et les choses que la parole désigne il y a la distance d'un paysage à la description d'un paysage. Et il faut songer encore que les paysages que nous dépeignons ne nous sont connus, la plupart du temps, que par des discours, reflets d'antérieurs discours. Cependant nous nous comprenons. C'est un miracle que je n'ai point l'intention d'analyser maintenant. Il sera plus à propos, pour achever cette esquisse, qui n'est qu'une méthode, d'essayer l'examen des idées toutes modernes d'art et de beauté.

J'ignore leurs origines, mais elles sont postérieures aux langues classiques qui n'ont pas de mots fixes et précis pour les dire, bien que les anciens fussent à même, mieux que nous, de jouir de la réalité qu'elles contiennent. Elles sont enchevêtrées ; l'idée d'art est sous la dépendance de l'idée de beauté ; mais cette dernière idée elle-même n'est autre chose que l'idée d'harmonie et l'idée d'harmonie se réduit à l'idée de logique. Le beau, c'est ce qui est à sa place. De là les sentiments de plaisir que nous donne la beauté. Ou plutôt, la beauté est une logique qui est perçue comme plaisir. Si l'on admet cela, on comprendra aussitôt pourquoi l'idée de beauté, dans les sociétés féministes, s'est presque toujours restreinte à l'idée de beauté féminine. La beauté, c'est une femme. Il y a là un intéressant sujet d'analyse, mais la question est assez compliquée. Il faudrait démontrer d'abord que la femme n'est pas plus belle que l'homme ; que, située dans la nature sur le même plan, construite sur le même modèle, faite de la même chair, elle apparaîtrait, à une intelligence sensible extérieure à l'humanité, exactement la femelle de l'homme, exactement ce que, pour les hommes, une pouliche est à un poulain. Et même, en y regardant de plus près, le Martien qui voudrait s'instruire sur l'esthétique des formes terrestres observerait que, s'il existe une différence de beauté entre un homme et une femme de même race, de même caste et de même âge, cette différence est presque toujours en faveur de l'homme ; et que si d'ailleurs ni

l'homme ni la femme ne sont entièrement beaux,
les défauts de la race humaine sont plus accen-
tués chez la femme, où la double saillie du ventre et des fesses, attrait sexuel sans doute, gau-
chit disgracieusement la double ligne du profil;
la courbe des seins est presque infléchie sous
l'influence du dos qui a une tendance à se voû-
ter. Les nudités de Cranach avouent naïvement
ces éternelles imperfections de la femme. Un
autre défaut auquel les artistes remédient ins-
tinctivement quand ils ont du goût, c'est la
brièveté des jambes, si accentuée dans les pho-
tographies de femmes nues. Cette froide
anatomie des beautés féminines a souvent été
faite; il est donc inutile d'insister, d'autant
plus que la vérification en est malheureusement
trop facile. Mais si la beauté de la femme résiste si mal à la critique, comment se fait-il
qu'elle demeure, malgré tout, incontestable,
qu'elle soit devenue pour nous la base même et
le ferment de l'idée de beauté? C'est une illusion
sexuelle. L'idée de beauté n'est pas une idée
pure; elle est intimement unie à l'idée de plaisir
charnel. Stendhal a obscurément perçu ce raisonnement quand il a défini la beauté « une promesse de bonheur ». La beauté est une femme,
et pour les femmes elles-mêmes, qui ont poussé

la docilité envers l'homme jusqu'à adopter cet aphorisme, qu'elles ne peuvent comprendre que dans l'extrême perversion sensuelle. On sait cependant que les femmes ont un type particulier de beauté; les hommes l'ont naturellement flétri du nom de « bellâtre ». Si les femmes étaient sincères, elles auraient également depuis longtemps infligé un nom péjoratif au type de beauté féminine par lequel l'homme se laisse le plus volontiers séduire.

Cette identification de la femme et de la beauté va si loin aujourd'hui qu'on en est arrivé innocemment à nous proposer « l'apothéose de la femme »; cela veut dire la glorification de la beauté avec toutes les promesses stendhaliennes contenues dans ce mot devenu érotique. La beauté est une femme et la femme est la beauté; les caricaturistes accentuent le sentiment général en accouplant toujours à une femme, qu'ils tâchent de faire belle, un homme dont ils poussent la laideur jusqu'à la vulgarité la plus basse alors que les jolies femmes sont si rares dans la vie, alors qu'au delà de trente ans la femme est presque toujours inférieure en beauté plastique, âge pour âge, à son mari ou à son amant. Il est vrai que cette infériorité n'est pas plus facile à démontrer qu'à sentir, et que le raisonnement

demeure inefficace, la page achevée, pour celui
qui a lu comme celui qui a écrit ; et cela est fort
heureux.

L'idée de beauté n'a jamais été dissociée que
par les esthéticiens ; le commun des hommes
s'en donne la définition de Stendhal. Autant
dire que cette idée n'existe pas et qu'elle a été
absolument dévorée par l'idée de bonheur, et du
bonheur sexuel, du bonheur donné par une
femme. C'est pour cela que le culte de la beauté
est suspect aux moralistes qui ont analysé la valeur de certains mots abstraits. Ils traduisent
cela par culte de la luxure, et ils auraient raison
si ce dernier terme ne contenait une injure assez
sotte pour une des tendances les plus naturelles
à l'homme. Il est arrivé nécessairement qu'en
s'opposant aux excessives apothéoses de la femme ils ont touché aux droits de l'art. L'art étant
l'expression de la beauté et la beauté ne pouvant
être comprise que sous les espèces matérielles de
la véritable idée qu'elle contient, l'art est devenu
presque uniquement féministe. La beauté, c'est
la femme ; et aussi l'art c'est la femme. Mais ceci
est moins absolu. La notion de l'art est même
assez nette, pour les artistes et pour l'élite ;
l'idée d'art est fort bien dégagée. Il y a un art
pur qui se soucie uniquement de se réaliser soi-

même. Aucune définition n'en doit même être donnée; cela ne pourrait se faire qu'en unissant l'idée d'art à des idées qui lui sont étrangères et qui tendraient à l'obscurcir et à la salir.

Antérieurement à cette dissociation, qui est récente et dont on connaît l'origine, l'idée d'art était liée à diverses idées qui lui sont normalement étrangères, l'idée de moralité, l'idée d'utilité, l'idée d'enseignement. L'art était l'image édifiante qu'on intercale dans les catéchismes de religion ou de philosophie; ce fut la conception des deux derniers siècles. Nous nous étions affranchis de ce collier; on voudrait nous le remettre au cou. L'idée d'art s'est de nouveau souillée à à l'idée d'utilité; l'art est appelé social par les prêcheurs modernes. Il est aussi appelé démocratique, épithètes bien choisies, si ce fut en vertu de leur signification négatrice de la fonction principale. Admettre l'art parce qu'il peut moraliser les individus ou les masses, c'est admettre les roses parce qu'on en tire un remède utile aux yeux; c'est confondre deux séries de notions que l'exercice régulier de l'intelligence place sur des plans différents. Les arts plastiques ont un langage; mais il n'est pas traduisible en mots et en phrases. L'œuvre d'art tient des discours qui s'adressent au sens esthétique et à lui

seul ; ce qu'elle peut dire par surcroît de perceptible pour nos autres facultés ne vaut pas la peine
d'être écouté. Cependant, c'est cette partie cadu-
que qui intéresse les prôneurs de l'art social. Ils
sont le nombre et comme nous sommes régis par
la loi du nombre, leur triomphe semble assuré.
L'idée d'art n'aura peut-être été dissociée que
pendant un petit nombre d'années et pour un
petit nombre d'intelligences.

Il y a donc un très grand nombre d'idées que
les hommes n'emploient jamais à l'état pur, soit
qu'elles n'aient pas encore été dissociées, soit que
cette dissociation n'ait pu se maintenir en état
de stabilité ; il y a aussi un très grand nombre
d'idées qui existent à l'état dissocié, ou que l'on
peut provisoirement considérer comme telles,
mais qui ont une affinité particulière pour d'autres idées avec lesquelles on les rencontre le plus
souvent ; il y en a d'autres encore qui semblent
réfractaires à certaines associations, alors que
les faits auxquels elles correspondent dans la réalité sont extrêmement fréquents. Voici quelques
exemples de ces affinités et de ces répulsions
pris dans le domaine si intéressant des lieux
communs ou des vérités.

Les étendards furent d'abord des signes religieux, comme l'oriflamme de Saint-Denis, et

8

leur utilité symbolique est demeurée au moins
aussi grande que leur utilité réelle. Mais comment, hors de la guerre, sont-ils devenus des
symboles de l'idée de patrie ? C'est plus facile à
expliquer par les faits que par la logique abstraite
Aujourd'hui, dans presque tous les pays civilisés, l'idée de patrie et l'idée de drapeau sont
invinciblement associées ; les deux mots se disent
même l'un pour l'autre. Mais ceci touche à la symbolique autant qu'à l'association des idées. En
insistant on arriverait au langage des couleurs,
contre-partie du langage des fleurs, mais plus
instable encore et plus arbitraire. S'il est amusant
que le bleu du drapeau français soit la dévote
couleur de la sainte Vierge et des enfants de
Marie, il ne l'est pas moins que la pieuse pourpre de la robe de Saint-Denis soit devenue un
symbole révolutionnaire. Semblables aux atomes
d'Épicure, les idées s'accrochent comme elles
peuvent, au hasard des rencontres, des chocs et
des accidents.

Certaines associations, quoique très récentes,
ont pris rapidement une autorité singulière ; ainsi
celles d'instruction et d'intelligence, d'instruction
et de moralité. Or, c'est tout au plus si l'instruction peut témoigner pour une des formes particulières de la mémoire ou pour une connaissance

littérale les lieux communs du Décalogue. L'absurdité de ces rapports forcés apparaît très clairement en ce qui concerne les femmes ; il semble bien qu'il y ait une sorte d'instruction, celle qu'on leur donne à cette heure, qui, loin d'activer leur intelligence, l'engourdit. Depuis qu'on les instruit sérieusement, elles n'ont plus aucune influence ni dans la politique ni dans les lettres : que l'on compare à ce propos nos trente dernières années avec les trente dernières années de l'ancien régime. Ces deux associations d'idées n'en sont pas moins devenues de véritables lieux communs, de ces vérités qu'il est aussi inutile d'exposer que de combattre. Elles se rejoignent à toutes celles qui peuplent les livres et les lobes dégénérés des hommes ; aux vieilles et vénérables vérités telles que : vertu-récompense, vice-châtiment, Dieu-bonté, crime-remords, devoir-bonheur, autorité-respect, malheur-punition, avenir-progrès, et des milliers d'autres dont quelques-unes, quoique absurdes, sont utiles à l'humanité.

On ferait également un long catalogue des idées que les hommes se refusent à associer, alors qu'ils se complaisent aux plus déconcertants stupres. Nous avons donné plus haut l'explication de cette attitude rétive ; c'est que leur occupation principale est la recherche du bonheur, et qu'ils ont bien plus souci de raisonner selon leur intérêt que selon la logique. De là l'universelle répulsion à joindre l'idée de néant à l'idée de mort. Quoique la première idée soit évidemment contenue dans la seconde, l'humanité s'obstine à les considérer séparément ; elle s'oppose de toutes ses forces à leur union, elle enfonce entre elles infatigablement un coin chimérique où retentissent les coups de marteau de l'espérance. C'est le plus bel exemple d'illogisme que nous puissions nous donner à nous-mêmes et la meilleure preuve que, dans les choses graves comme dans les moindres, c'est le sentiment qui vient toujours à bout de la raison.

Est-ce une grande acquisition que de savoir cela ? Peut-être.

Novembre 1899.

IV

STÉPHANE MALLARMÉ
ET L'IDÉE DE DÉCADENCE

STÉPHANE MALLARMÉ ET L'IDÉE
DE DÉCADENCE

> Décadence. C'est un mot bien
> commode à l'usage des pédago-
> gues ignorants, mot vague der-
> rière lequel s'abritent notre pa-
> resse et notre incuriosité de la loi.
> BAUDELAIRE,
> *Lettre à Jules Janin.*

I

Brusquement, vers 1885, l'idée de décadence
entra dans la littérature française; après avoir
servi à glorifier ou à railler tout un groupe de
poètes, elle s'était comme réfugiée sur une seule
tête. Stéphane Mallarmé fut le prince de ce
royaume ironique et presque injurieux, si le mot
lui-même avait été compris et dit selon sa vraie
signification. Mais, par une singularité qui est
un trait de mœurs latines, le peuple académi-
que qualifiait ainsi, d'après l'horreur normale,
quoique malsaine, qu'il ressent devant les tentatives nouvelles, la fièvre d'originalité qui tour-

menta une génération. Rendu responsable des
actes de rébellion qu'il encourageait, M. Mallarmé apparut, aux âniers innocents qui accompa-
gnent mais ne guident pas la caravane, tel qu'un
redoutable Aladin, assassin des bons principes
de l'imitation universelle.

Ce sont des habitudes, en somme, bien littéraires. Il y aura tantôt trois siècles qu'elles flo-
rissent et les plus célèbres révoltes les ont ébran-
chées à peine et ne les ont jamais déracinées ;
dès après les insolences romantiques, il fallut
étouffer et ramper sous la vieille verdure dont
on fait les férules.

Ce sont des habitudes aussi bien latines. Les
Romains ignorèrent toujours, tant qu'ils ne furent que Romains, l'individualisme. Leur civilisation donne le spectacle et l'idée d'une belle ani-
malité sociale. Il y avait chez eux émulation vers
la parité comme il y a chez nous émulation vers
la dissemblance. Dès qu'ils possédèrent cinq ou
six poètes, rejetons heureux de la greffe helléni-
que, ils n'en souffrirent plus d'autres ; et peut-
être que, vraiment, l'instinct social ou de race
dominant chez eux l'instinct de liberté ou individuel, peut-être qu'aucun poète ingénu ne leur
naquit pendant quatre ou cinq siècles. Ils avaient
l'empereur et ils avaient Virgile : ils obéirent

à l'un et à l'autre jusqu'à ce que la révolte chrétienne et l'invasion barbare se fussent donné la
main par-dessus le Capitole. La liberté littéraire,
comme toutes les autres, naquit de l'union de la
conscience et de la force. Le jour où S. Ambroise,
écrivant des chansons pieuses, méconnut les principes d'Horace, devrait être mémorable, car il
signale clairement la naissance d'une mentalité
nouvelle.

Comme l'histoire politique des Romains nous a
fourni l'idée de décadence historique, l'histoire de
leur littérature nous a fourni celle de décadence
littéraire ; double face d'une même conception,
car il a été facile de montrer du doigt la coïnci-
dence des deux mouvements, et facile de faire
croire que leur marche fut liée et nécessaire.
Montesquieu s'est rendu célèbre pour avoir été
plus particulièrement dupe de cette illusion.

Les sauvages admettent très malaisément la
mort naturelle. Pour eux, toute mort est un
meurtre. Ils n'ont à aucun degré le sens de la
loi ; ils vivent dans l'accident. C'est un état d'esprit que l'on est convenu d'appeler inférieur ; et
c'est juste, quoique la notion d'une loi rigide
soit aussi fausse et aussi dangereuse que sa négation même. Il n'y a d'absolument nécessaires
que les lois naturelles ; elles ne pourraient diffé-

8.

rer, et elles ne peuvent changer. S'il s'agit de l'é-
volution sociale et politique des peuples, non seulement il n'y a plus de lois nécessaires, mais il
n'y a même plus de lois même très générales ; ou
bien ces lois, se confondant avec les faits qu'elles expliquent, en viennent à ne plus être que
de sages et honorables constatations ; ou bien
encore elles constatent, quoique avec emphase, le
principe même du mouvement. Donc les empires naissent, croissent et meurent ; les combinaisons sociales sont instables ; à différentes époques
les groupes humains ont des forces différentes
de cohésion ; des affinités nouvelles apparaissent
et se propagent : voilà de quoi écrire un traité
de mécanique sociale, si l'on ne tient pas rigou-
reusement à conformer sa philosophie à la réalité des catastrophes inattendues. Car il faut bien
laisser à l'inattendu une place qui est quelquefois le trône tout entier d'où l'ironie fulgure et
rit. L'idée de décadence n'est donc que l'idée de
mort naturelle. Les historiens n'en admettent
pas d'autres ; pour expliquer que Byzance fut
prise par les Turcs, on nous force d'écouter bruire
les querelles théologiques et claquer dans le
cirque le fouet des Bleus. On va de Longchamps
à Sedan, sans doute, mais on va aussi d'Epsom
à Waterloo. La longue décadence des empires

détruits est une des plus singulières illusions de l'histoire ; si des empires moururent de maladie ou de vieillesse, la plupart, au contraire, périrent de mort violente, en pleine force physique, en pleine vigueur intellectuelle.

D'ailleurs l'intelligence est personnelle et on ne peut établir aucun rapport raisonnable entre la puissance d'un peuple et le génie d'un homme: ni la littérature grecque, ni les littératures du moyen âge ne correspondent à des forces politiques stables et puissantes, grecques, italiennes ou françaises ; et c'est justement à l'heure où leur puissance matérielle est devenue nulle que les royaumes scandinaves se sont ornés de talents originaux. Peut-être même serait-on plus près de la vérité en déclarant que la décadence politique est l'état le plus favorable aux éclosions intellectuelles: c'est quand les Gustave-Adolphe et les Charles XII ne sont plus possibles que naissent les Ibsen et les Bjœrnson; ainsi encore la chute de Napoléon fut comme un signal pour la nature qui se mit à reverdir avec joie et à pousser les jets les plus magnifiques; Gœthe est le contemporain de la ruine de son pays. A ces exemples, afin d'exercer et de satisfaire nos tendances au scepticisme historique, il ne faut pas manquer d'opposer la preuve de ces pério-

des doublement glorieuses dont le fastueux siècle de Louis XIV est le modèle vénéré : après
quoi, quelques instants de réflexion nous impo-
seront une opinion assez différente de celle qui
demeure et qui passe dans les manuels et dans
les conversations.

Bossuet le premier imagina de juger l'histoire
universelle, ou ce qu'il appelait ainsi naïvement,
d'après les principes du judaïsme biblique : il vit
crouler tous les empires où la main de Jéhovah
s'était appesantie. C'est l'idée de décadence
expliquée par l'idée de châtiment. La philosophie
de Montesquieu, plus compliquée, est peut-être
encore plus puérile : on ne cite qu'avec une sorte
de dégoût un historien qui fait commencer la
décadence de Rome à l'aurore des admirables siècles de paix qui furent peut-être la seule époque
heureuse de l'humanité civilisée. Il faut presser
la signification des mots ; alors on aperçoit
qu'ils ne détiennent aucun sens et que des écrivains mémorables en usèrent toute leur vie sans
les comprendre. Mais si contestable ou du moins
si vague que soit l'idée générale de décadence,
elle est claire et arrêtée en comparaison de l'idée
plus restreinte de décadence littéraire.

De Racine à Vigny, la France ne produisit
aucun grand poète. C'est un fait ; une telle période

est certainement une période de décadence
littéraire; cependant il ne faut pas aller plus
loin que le fait lui-même, ni lui attribuer un
caractère absurde de logique et de nécessité. La
poésie est en sommeil au xviiiᵉ siècle, faute de
poètes; mais cette faillite n'est pas la conséquence d'une trop belle floraison antérieure; elle
est ce qu'elle est et rien de plus. Si on lui donne
le nom de décadence, on admet une sorte d'organisme mystérieux, un être, une femme, la Poésie, qui naît, se reproduit et meurt à des intervalles presque réguliers, selon les habitudes des
générations humaines, conception agréable, sujet de dissertation ou de conférence, mais qu'il
faut écarter d'une discussion où l'on ne veut que
faire l'anatomie d'une idée.

Ce qui caractérise la poésie du xviiiᵉ siècle,
c'est l'esprit d'imitation. Ce siècle est romain par
l'imitation. Il imite avec fureur, avec grâce, avec
tendresse, avec ironie, avec bêtise; il imite avec
conscience; il est chinois en même temps que
romain. Il y a des modèles. Le mot est impératif.
Il ne s'agit pas qu'un poète dise l'impression
que lui fait la vie : il faut qu'il regarde Racine et
qu'il escalade la montagne. Singulière psychologie! Le même philosophe qui ruine en politique
l'idée de respect, la recrépit et la rebadigeonne

en littérature. Il y a des critiques : pendant que Gœthe écrit *Werther*, ils confrontent Gilbert avec Boileau. C'est un avilissement. Faut-il lui chercher une cause ? Cela serait vain. Vouloir expliquer pourquoi il ne naquit aucun poète en France, que Delille (1) ou Chénier, pendant cent ans, cela conduirait nécessairement à expliquer aussi pourquoi naquirent Ronsard, Théophile ou Racine. On n'en sait rien et on ne peut rien en savoir. Dépouillée de son mysticisme, de sa nécessité, de toute sa généalogie historique, l'idée de décadence littéraire se réduit à une idée purement négative, à la simple idée d'absence. Cela est si naïf qu'on ose à peine l'exprimer, mais les intelligences supérieures faisant défaut dans une période, le pullulement des médiocres devient extrêmement sensible et actif, et, comme le médiocre est un imitateur, les époques que l'on a qualifiées justement de décadentes ne sont autre chose que des époques d'imitation. En suprême analyse, l'idée de décadence est identique à l'idée d'imitation.

(1) Il faut se souvenir que l'abbé Delille n'est pas du tout, comme on le croit, un poète de l'Empire. Presque tous ses poèmes et sa gloire, datent de l'ancien régime.

II

Cependant, s'il s'agit de Mallarmé et d'un groupe littéraire, l'idée c. décadence a été assimilée à son idée contraire, à l'idée même d'innovation. De tels jugements nous ont frappés, hommes de ces années, sans doute parce que nous étions mis en cause et sottement bafoués par les critiques bien pensants ; ils n'étaient que la représentation, maladroite et usée, des sentences par lesquelles les sages de tous les temps essayèrent de maudire et d'écraser les serpents nouveaux qui brisent leur coquille sous l'œil ironique de leur vieille mère. La diabolique Intelligence rit des exorcismes, et l'eau bénite de l'Université n'a jamais pu la stériliser, non plus que celle de l'Église. Jadis un homme se levait, bouclier de la foi, contre les nouveautés, contre les hérésies, le Jésuite ; aujourd'hui, champion de la règle, trop souvent se dresse le Professeur. On retrouve là l'antinomie qui surprend dans Voltaire et dans les voltairiens d'hier : le même homme, courageux dans le sens de la justice ou de la liberté politique, se trouble et recule s'il s'agit de nouveauté ou de liberté littéraire ; arrivé

à Tolstoï et à Ibsen, ayant fait une allusion à
leur gloire, il ajoute (en note) : « Sont-ce là des
gloires bien établies, celle d'Ibsen surtout ? La
question de savoir si l'auteur des *Revenants* est
un mystificateur ou un génie n'est pas résolue
à l'heure où nous sommes (1). » Telle est, en
face de l'inédit, du non encore vu ni lu, l'attitude d'un écrivain qui, dans le livre même d'où
cette note est tirée, prouve une bonne indépendance de jugement ; il est inutile d'ajouter que
les « décadents » y sont, à tout propos, moqués.
Comment, après cela, s'étonner de la lourde
raillerie de tels moindres esprits? Une manière
nouvelle de dire les éternelles vérités humaines
est d'abord pour les hommes, et surtout pour les
hommes trop instruits, un scandale. Ils ressen-
tent une sorte d'effroi ; pour reprendre leur assurance, ils ont recours à la négation, aux injures
ou à la dérision. C'est l'attitude naturelle de
l'animal humain devant le danger physique. Mais
comment en est-on arrivé à considérer comme
un péril toute réelle innovation en art ou en littérature? Pourquoi surtout cette assimilation
est-elle une des maladies particulières à notre
temps, et peut-être la plus grave, puisqu'elle tend

(1) M. Stapfer, *Des Réputations littéraires*. Paris, 1891.

à restreindre le mouvement et à contrarier la vie ?

Pendant des années, Delacroix, Puvis de Chavannes, si divers de génie, furent bernés et refusés par les jurys. Sous les prétextes évidemment contradictoires, un motif unique se découvre : l'originalité. Par une œuvre où presque plus rien ne s'aperçoit des méthodes antérieures, qui ne se rattache pas immédiatement à quelque chose de connu et de déjà compris, les gardiens de l'art se sentent menacés ; ils répondent à la provocation chacun selon leur tempérament. Les formules changent aussi selon les périodes : au xviiie siècle, la non-imitation était qualifiée de faute contre le goût, et c'était grave au temps où Voltaire érigeait un temple, qui n'était qu'un édicule, à ce dieu badin ; jusqu'à ces dernières semaines et depuis quelque dix ans, les artistes et les écrivains rebelles à démarquer les maîtres furent stigmatisés soit de décadents, soit de symbolistes. Cette dernière injure a fini par prévaloir, étant verbalement plus obscure et par conséquent plus facile à manier ; elle contient d'ailleurs, exactement comme la première, l'idée abhorrée de non-imitation.

On a dit, il y a déjà longtemps, bien avant que M. Tarde ait développé sa philosophie sociale :

« L'imitation régit le monde des hommes, comme l'attraction celui des choses. » Dans le domaine particulier de l'art et de la littérature, cette loi est très sensible. L'histoire littéraire n'est, en somme, que le tableau d'une suite d'épidémies intellectuelles. Certaines furent brèves. La mode change ou dure selon des caprices impossibles à prévenir et difficiles à déterminer. Shakespeare n'eut aucune influence immédiate; Honoré d'Urfé vivant et mort, durant un demi-siècle, fut le maître et l'inspirateur de toute fiction romanesque; il eût régné plus longtemps si la *Princesse de Clèves* n'avait été l'œuvre clandestine d'une grande dame. Le xviie siècle, dont une partie de la littérature n'est que traduction et imitation, ne fut cependant pas rebelle aux nouveautés modérées et prudentes; c'est qu'alors, s'il eût été honteux de ne pas imiter les anciens — ou, chose étrange, les Espagnols, mais seuls! dans leurs fables et dans leurs phrases (Racine tremble d'avoir écrit *Bajaset*), il était honorable de savoir donner aux emprunts classiques un air de fraîcheur et d'inédit.

Cependant cette littérature elle-même devint très rapidement classique; il y eut une seconde source d'imitation, et comme elle était plus accessible, elle fut bientôt la fontaine presque uni-

que où les générations vinrent boire et prier et
délayer leur encre. Boileau, avant de mourir,
put se voir dieu. Dès que Voltaire sait lire, il
lit Boileau. Le principe de l'imitation va régir
désormais la littérature française.

Si l'on néglige les accidents—quoique mémorables — ce principe est demeuré très puissant
et si bien compris, à mesure que l'instruction se
répand, qu'il suffit à un critique de le faire intervenir pour qu'un lecteur honteux rejette l'œuvre
nouvelle qui le rafraîchissait. Ainsi les feuilleton-
nistes ont réussi à empêcher l'acclimatation en
France de l'œuvre d'Ibsen ; ainsi les drames en
vers, œuvre d'imitation par excellence, réussis-
sent maintenant jusque sur les théâtres du boulevard ! Ces faits de théâtre, toujours très gros-
sis par la réclame, illustrent bien une théorie.

L'idée d'imitation est donc devenue l'idée
même d'art ou de littérature. On ne conçoit pas
plus un roman nouveau qui ne soit la contre-partie ou la suite d'un roman préexistant que l'on
ne conçoit des vers sans rime ou dont les syllabes
ne seraient pas comptées une à une avec scrupule. Quand de telles innovations cependant se
produisirent, altérant tout à coup l'aspect cou-
tumier du paysage littéraire, il y eut de l'émoi
parmi les experts ; pour cacher leur gêne, ils se

mirent à rire (troisième méthode) ; ensuite , ils
proférèrent des jugements : puisque ces choses,
ces proses et ces poèmes, ne sont pas ordonnées
à l'imitation des dernières littératures ou des
œuvres célébrées par les manuels, elles doivent
provenir d'une source anormale, car elle ne nous
est pas familière, — mais laquelle ? Il y eut des
tentatives d'explication au moyen du préraphaé-
lisme ; elles ne furent pas décisives ; elles furent
même un peu ridicules, tant l'ignorance était de
tous côtés profonde et invulnérable. Mais vers
ces années-là un livre parut qui soudain éclaira
les intelligences. Un parallèle inexorable s'im-
posa entre les poètes nouveaux et les obscurs
versificateurs de la décadence romaine vantés
par des Esseintes. L'élan fut unanime et ceux
mêmes que l'on décriait acceptèrent le décri
comme une distinction. Le principe admis, les
comparaisons abondèrent. Comme nul, et pas
même des Esseintes, peut-être, n'avait lu ces
poètes dépréciés, ce fut un jeu pour tel feuille-
tonniste de rapprocher de Sidoine Apollinaire,
qu'il ignorait, Stéphane Mallarmé qu'il ne comprenait pas. Ni Sidoine Apollinaire ni Mallarmé
ne sont des décadents, puisqu'ils possèdent l'un
et l'autre, à des degrés divers, une originalité
propre ; mais c'est pour cela même que le mot

fut justement appliqué au poète de *l'Après-midi d'un Faune*, car il signifiait, très obscurément, dans l'esprit de ceux-là mêmes qui en abusaient : quelque chose de mal connu, de difficile, de rare, de précieux, d'inattendu, de nouveau.

Si, au contraire, on voulait redonner à l'idée de décadence littéraire son sens véritable et véritablement cruel, ce n'est plus Mallarmé qu'il faudrait nommer, on s'en doute, ni Laforgue, ni tel symboliste dont la carrière se poursuit. Le décadent de la littérature latine, ce n'est ni Ammien Marcellin, ni S. Augustin, qui, chacun à leur manière, se façonnent une langue ; ce n'est ni S. Ambroise, qui crée l'hymne, ni Prudence, qui imagine un genre littéraire, la biographie lyrique (1). On commence à être plus clément pour la littérature latine de la seconde période ; las peut-être de la ridiculiser sans la lire, on a commencé de l'entr'ouvrir. Cette notion si simple sera prochainement admise : qu'il n'y a pas, en soi, un bon latin et un mauvais latin ; que les langues vivent et que leurs changements ne sont pas nécessairement des altérations ; qu'on pouvait avoir du génie au vie siècle comme au 11e,

(1) Genre qui a dégénéré jusqu'à devenir la complainte. Mais la complainte a eu sa belle période. Le plus ancien poème de la langue française est une complainte, et précisément inspirée par un des poèmes de Prudence.

et au xie comme au xviiie ; que les préjugés classiques sont une entrave au développement de
l'histoire littéraire et à la connaissance totale de
la langue elle-même. Mieux connus, les poètes
de la bibliothèque de Fontenay n'auraient servi
à baptiser un mouvement littéraire que si l'on
avait voulu comparer, tâche ardue et un peu
absurde, des novateurs idéalistes à des novateurs chrétiens.

III

N'ayant voulu ici qu'essayer l'analyse historique (ou anecdotique) d'une idée et indiquer, par
un exemple un peu étendu, comment un mot en
arrive à ne plus avoir que le sens qu'on a intérêt à lui donner, je ne crois pas qu'il soit nécessaire d'établir minutieusement en quoi Stéphane
Mallarmé mérita la haine ou la raillerie.

La haine est reine dans la hiérarchie des sentiments littéraires; la littérature est peut-être
avec la religion la passion abstraite qui secoue
le plus violemment les hommes. Sans doute, on
n'a pas encore vu de guerres littéraires comme il
y a eu — mettons autrefois — des guerres religieuses; mais c'est parce que la littérature n'est

encore jamais descendue brusquement jusque
dans le peuple ; quand elle parvient là, elle a perdu sa force explosive : il y a loin de la première
d'*Hernani* au jour où l'on vend Victor Hugo
en livraisons illustrées. Pourtant, on se figure
assez bien une mobilisation du sentimentalisme
allemand contre l'humour anglais ou l'ironie
française : c'est parce qu'ils ne se connaissent
pas que les peuples se haïssent peu : une
alliance finit toujours, quand on a bien frater-
nisé, par des coups de canon.

La haine qui poursuivit Mallarmé ne fut jamais
très amère, car les hommes ne haïssent sérieusement, même en littérature, que lorsque des
intérêts matériels viennent un peu corser la lutte
pour l'idéal ; or il n'offrait aucune surface à l'envie et il supportait comme des nécessités inhé-
rentes au génie l'injustice et l'injure. On ne
gouaillait donc, sous un prétexte d'obscurité,
que la supériorité seule et toute nue de son esprit.
Les artistes, même dépréciés par les instincti-
ves cabales, obtiennent des commandes, gagnent
de l'argent ; les poètes ont la ressource des
longues écritures dans les revues et dans les
journaux : certains, comme Théophile Gautier,
y gagnèrent leur vie ; Baudelaire y réussit mal,
et Mallarmé plus mal encore. C'est donc au poète

dépouillé de tout ornement social que s'adressa
le sarcasme.

Il y a au Louvre, dans une collection ridicule,
par hasard une merveille, une Andromède, ivoire
de Cellini. C'est une femme effarée, toute sa
chair, troublée par l'effroi d'être liée : où fuir ?
et c'est la poésie de Stéphane Mallarmé. Emblème qui convient encore, puisque, comme le
ciseleur, le poète n'acheva que des coupes, des
vases, des coffrets, des statuettes. Il n'est pas
colossal, il est parfait. Sa poésie ne représente
pas un large trésor humain étalé devant la foule
surprise ; elle n'exprime pas des idées communes
et fortes, et qui galvanisent facilement l'attention populaire engourdie par le travail ; elle est
personnelle, repliée comme ces fleurs qui craignent le soleil ; elle n'a de parfum que le soir ;
elle n'ouvre sa pensée qu'à l'intimité d'une pensée cordiale et sûre. Sa pudeur, trop farouche, se
couvrit de trop de voiles, c'est vrai ; mais il y a
bien de la délicatesse dans ce souci de fuir les
yeux et les mains de la popularité. Fuir, où fuir ?
Mallarmé se réfugia dans l'obscurité comme
dans un cloître ; il mit le mur d'une cellule entre
lui et l'entendement d'autrui ; il voulut vivre seul
avec son orgueil. Mais c'est là le Mallarmé des
dernières années, lorsque, froissé, mais non dé-

couragé, il se sentit atteint de ce dégoût des phrases vaines qui jadis avait aussi touché Jean Racine ; lorsqu'il créa, pour son usage propre, une nouvelle syntaxe, lorsqu'il usa des mots selon des rapports nouveaux et secrets. Stéphane Mallarmé a relativement beaucoup écrit, et la plus grande partie de son œuvre n'est entachée d'aucune obscurité ; mais, dans la suite et la fin, à partir de la *Prose pour des Esseintes*, s'il y a des phrases douteuses ou des vers irritants, un esprit inattentif et vulgaire redoute seul d'entreprendre une conquête délicieuse. Il y a trop peu d'écrivains obscurs en français ; ainsi nous nous habituons lâchement à n'aimer que des écritures aisées, et bientôt primaires. Pourtant il est rare que les livres aveuglément clairs vaillent la peine d'être relus ; la clarté, c'est ce qui fait le prestige des littératures classiques et c'est ce qui les rend si clairement ennuyeuses. Les esprits clairs sont d'ordinaire ceux qui ne voient qu'une chose à la fois ; dès que le cerveau est riche de sensations et d'idées, il se fait un remous et la nappe se trouble à l'heure du jaillissement. Préférons, comme X. Doudan, les marais grouillants de vie à un verre d'eau claire. Sans doute, on a soif, parfois ; eh bien, on filtre. La littérature qui plaît aussitôt à l'universalité

9

des hommes est nécessairement nulle ; il faut que, tombée de haut, elle rejaillisse en cascade, de pierre en pierre, pour enfin couler dans la vallée à la portée de tous les hommes et de tous les troupeaux.

Si donc on entreprenait une étude décisive sur Stéphane Mallarmé, il ne faudrait traiter la question d'obscurité qu'au seul point de vue psychologique, parce qu'il n'y a jamais d'absolue obscurité littérale dans un écrit de bonne foi. Une interprétation sensée est toujours possible ; elle changera selon les soirs, peut-être, comme change, selon les nuages, la nuance des gazons, mais la vérité, ici et partout, sera ce que la voudra notre sentiment d'une heure. L'œuvre de Mallarmé est le plus merveilleux prétexte à rêveries qui ait encore été offert aux hommes fatigués de tant d'affirmations lourdes et inutiles : une poésie pleine de doutes, de nuances changeantes et de parfums ambigus, c'est peut-être la seule où nous puissions désormais nous plaire ; et si le mot décadence résumait vraiment tous ces charmes d'automne et de crépuscule, on pourrait l'accueillir et en faire même une des clefs de la viole : mais il est mort, le maître est mort, la pénultième est morte.

1898.

V

LE PAGANISME ÉTERNEL

I

UNE RELIGION D'ART

I

A une époque où presque toute la sensibilité, presque toute la foi, presque tout l'amour se sont réfugiés dans l'art, et où, par surcroît, ce mot, jadis mystérieux et pur, se trouve compromis en plus d'une aventure, il nous manquait évidemment, à côté de la religion de l'art, la religion d'art : l'invention est récente et due à M. Huysmans ; elle est curieuse et peut servir de prétexte à quelques réflexions.

Tout d'abord, puisqu'il n'y a pas aujourd'hui d'art religieux, la tentative d'union entre la religion et l'art ne pouvait se faire qu'au moyen de l'archéologie. *La Cathédrale* est donc, comme tous les derniers livres du même auteur, depuis *A Rebours*, un roman didactique. Le genre n'est pas nouveau, il a été de tout temps cultivé par les écrivains chez lesquels le goût du savoir

9.

n'a pas entièrement tué l'imagination ; ou qui, incapables d'user alternativement de leurs lectures et de leurs inventions, se résignent à entremêler la fiction et le document; ou encore qu'un besoin de prosélytisme porte à choisir pour messager d'un enseignement, d'une morale, de vérités peu amènes, la nef des Argonautes ou le cheval des Quatre Fils Aymon. Il y a un peu de ces trois causes dans le didactisme invétéré de M. Huysmans ; mais surtout, si, lorsqu'il écrit ses livres, il n'y mettait pas ses lectures, il n'aurait rien à y mettre; chez lui l'imagination est plutôt soutenue que découragée par le document; sans ce cordial e le tomberait vite aux récriminations d' *A vau l'eau*, roman que la moelle de quelque vieux traité de cuisine suffirait peut-être à rendre tout à fait représentatif d'un caractère. Que M. Folantin, entre deux repas vagues, médite sur une page du « Cuisinier royal » ou du « Paticier François », et nous avons un livre du type même de *la Cathédrale*. Sur les seize chapitres de ce dernier roman, deux commencent et trois finissent par des considérations de ménage ou de cuisine. Ses tentatives d'érudition ne pouvaient donc influencer que très heureusement M. Huysmans en lui montrant, dans les livres, ce qu'il aurait toujours été inca-

pable de trouver dans la vie : l'oubli, au moins
accidentel, des vulgaires ennuis de la vie.

La plupart des romans didactiques pèchent
également par l'insuffisance et par l'inexactitude.
A l'insuffisance, il faut se résigner ; un roman
n'est pas un traité. Si, dans *A Rebours*, au lieu
de se borner à résumer, en une phrase pittoresque et juste, les appréciations motivées et
savantes des deux premiers volumes d'Ebert, le
romancier avait passé deux ans à lire lui-même
les poètes qu'il vantait, l'abondance des docu-
ments l'eût peut-être incliné à donner à cette
partie de son livre une ampleur désagréable ; et
si, pour écrire l'histoire de Gilles de Rais, il lui
avait fallu compulser lui-même les archives,
déchiffrer les originaux du procès, *Là-bas* serait peut-être encore sur le chantier. L'insuffisance de la documentation dans un roman didactique ou historique est donc une des conditions
de l'exécution même du roman et, d'autre part,
ce qu'on y perd de science ou d'histoire, l'art
peut le compenser si bien que le lecteur le plus
exigeant s'y trouve satisfait ; c'est ce qui arriva
pour *Là-bas*, où il y a des chapitres admirables,
supérieurs par la puissance de l'incantation verbale aux pages trop déclamatoires de *la Sorcière*. L'inexactitude serait un défaut plus grave ;

M. Huysmans, appuyé sur des érudits sérieux,
s'en est presque toujours garé jusqu'ici; mais, et
c'est là le danger du mélange de la science et de
l'imagination, on ne sait pas toujours où finit
l'exactitude et où commence la fantaisie. Que
d'hystériques abbés, que de femmes folles de
leurs nerfs se sont laissé prendre au réalisme
du fameux tableau de la Messe Noire, entièrement tiré cependant d'une imagination, alors
satanique. Il est à peine besoin d'affirmer que
jamais d'aussi grotesques et d'aussi exécrables
cérémonies n'ordonnèrent, en aucun temps ni en
aucun pays, leurs farandoles obscènes et sacri-
lèges.

Le sabbat, qui n'exista jamais que dans les
cerveaux hallucinés des pauvres sorcières, se
déroulait selon des liturgies très différentes et
surtout malpropres; il ne reçut le nom de Messe
Noire que par équivoque, puisque la vraie Messe
Noire, telle qu'elle fut encore dite sur le corps
nu de la Montespan, était une cérémonie de con-
juration, absolument secrète, et dont le secret
seul garantissait l'efficacité. La fantaisie de
M. Huysmans, si elle a eu, car la crédulité du
public est illimitée, certaines conséquences péni-
bles, n'en était pas moins tout à fait légitime;
le romanesque est à sa place dans un roman:

attendre, pour raconter un chanoine Docre, de
rencontrer en chemin son véritable frère diabolique, on ne peut vraiment pas exiger cela, même
d'un romancier didactique.

Avec *la Cathédrale*, aucune surprise de ce
genre n'était à craindre; la fantaisie n'a aucune
place dans ce roman; elle y en a trop peu. Quant
aux inexactitudes qu'on y peut relever en assez
grand nombre, elles sont presque toutes d'un
genre particulier, du genre ecclésiastique. L'auteur n'avait pas besoin de nous informer qu'il
s'est, pour ce livre, documenté près de moines,
de prêtres et en des livres pieux; cela est évident.

II

Pour écrire *En Route* et *la Cathédrale*, il
faut être catholique, non seulement de naissance
et de baptême, mais de foi et de mœurs. Il y a
donc aujourd'hui même une littérature catholique, une littérature qui n'existerait pas sans
écrivains catholiques. S'agit-il d'anomalies, ou
sommes-nous en présence de faits tout à fait logiques, raisonnables, liés à un passé immédiat?
Je ne crois pas qu'il y ait aucune singularité à
être catholique en un siècle où le furent presque
tous les plus excellents poètes et quelques-uns

des plus grands écrivains, de Chateaubriand à
Villiers de l'Isle-Adam. Que cette croyance ne
semble pas correspondre à l'orientation présente
des intelligences, cela est clair, mais une attitude
n'est-elle acceptable que conforme à l'attitude
générale? D'ailleurs, si on peut faire l'anatomie
d'une croyance ou d'une conviction, il est impossible et illégitime d'aller plus loin. L'excommu-
nication n'est pas un geste philosophique.

Je crois que le catholicisme, en France, fait
partie de la tradition littéraire.

Le catholicisme est le christianisme paganisé.
Religion à la fois mystique et sensuelle, il peut
satisfaire, et il a satisfait uniquement, pendant
longtemps, les deux tendances primordiales et
contradictoires de l'humanité, qui sont de vivre
à la fois dans le fini et dans l'infini, ou, en termes plus acceptables, dans la sensation et dans
l'intelligence.

Depuis Constantin jusqu'à la Renaissance, le
catholicisme a développé normalement les deux
principes qui le constituent et, sans l'intervention de Luther, il est très probable que le principe païen, d'art et de beauté, eût acquis autant
de force que le principe évangélique, de renoncement et de mortification. Léon X et Jules II
pouvaient vraiment se glorifier du nom de *Pon-*

tifex maximus; ils étaient vraiment à la fois le
successeur de saint Pierre et le successeur du
grand-prêtre de Jupiter Capitolin: Luther et
Calvin, les grands affirmateurs de l'Évangile,
les durs sectateurs de saint Paul, les ennemis de
Rome et de la gloire romaine, entraînèrent toute
la chrétienté dans leurs erreurs tristes ; le catholicisme, se niant lui-même, accepta le sacrifice
d'un de ses éléments naturels ; il détruisit lui-
même l'un de ses principes de vie, et, vaincue,
l'Église devint peu à peu ce qu'elle est aujour-
d'hui, un protestantisme hiérarchisé, aussi froid,
aussi haineux de tout art et de toute beauté sensible, mais d'intelligence moins libérale, peut-
être, plus recroquevillée encore, soumise à la
fois à un passé qu'elle respecte sans l'aimer, et
à un présent qui épouvante sa décrépitude.

En France, au xviiᵉ siècle, la réaction contre le
protestantisme se fit dans un paganisme moyen,
élégant et superficiel ; après la crise janséniste,
il y eut une nouvelle réaction de la liberté, mais
elle se fit dans la débauche et dans la littérature
galante ; le moment philosophique fut bref et
sans influence populaire ; après la période d'abê-
tissement sentimental provoqué par les ridicules
disciples de Jean-Jacques, Chateaubriand re-
trouva d'un seul coup le catholicisme, le moyen

âge et la tradition. Tout le siècle est dominé par
ce grand fait littéraire.

Littéraire, car il ne s'agit même pas de supposer légitime le droit unique à la vérité absolue
qu'une religion proclame. Il ne s'agit pas de
vérité. En Grèce, la vraie religion était la religion des temples. En France, la vraie religion est
la religion des clochers. Autour du clocher sous
lequel on prie, les danses lupercales signifient que
les dieux n'ont cédé au Christ que la moitié de
leur royaume. Un jeune poète catholique a appelé
la sainte Vierge « cette belle nymphe », voilà la
vraie tradition du catholicisme populaire. Aucune religion n'est jamais morte, ni ne mourra
jamais ; celle dont le nom s'abolit revit dans
celle qui resplendit au grand jour. En plusieurs
temples d'Italie, on ne prit même pas le soin,
au vᵉ siècle, de changer les statues vénérées, et
Déméter nourrice devint tout naturellement une
Vierge à l'enfant (1) : en quelques autres, même
en Gaule, on garda le nom du dieu avec la statue de jadis et le culte, changé dans la croyance
des prêtres, demeura immuable dans la croyance
du peuple. Vénus est toujours aimée sous le
vocable de sainte Venise, que l'imagerie repré-

(1) Voyez la figure 1295 du Dictionnaire de Saglio.

sente toute nue avec seulement un ruban autour
des reins (1). Exemple admirable de la persévérance du peuple! Ozanam a parfaitement démontré qu'au moment où, par un coup d'État, le
christianisme devint la religion officielle de l'Empire, le paganisme était encore plein de force et
de vie ; de là son influence sur la religion nouvelle qui, ne pouvant le détruire, l'absorba sans
même le transformer. Cependant, dès les premiers siècles, il y eut dans l'Église un parti très
opposé à ce qu'on appelait, sans en comprendre l'importance, les superstitions populaires ;
c'était le parti évangélique, qui ne devait entièrement triompher, dans l'Europe du Nord, qu'a-
vec la Réforme (2).

Le culte des saints et des dieux sanctifiés en-
gendra les églises. Les églises catholiques, comme
les temples de l'Égypte ancienne, sont des tombeaux ; elles ne furent pas construites en l'honneur de Dieu seul ; leur prétexte fut presque
toujours d'abriter le corps d'un bienheureux ou
d'un thaumaturge, le simulacre d'une divinité

---

(1) Dureau de la Malle, *Mémoire sur sainte Venise*, lu à
l'Académie des Inscriptions.

(2) Le paganisme est resté traditionnel, notamment à Paris,
dans certaines familles, où, dit-on, les libations et les sacrifi-
ces d'animaux sont encore en usage. Mais ceci pourrait bien ne
remonter qu'au xviiie siècle.

traditionnelle, à peine rebaptisée par une piété
innocente. Les églises furent la nécessité de l'art
chrétien, et ainsi la nudité apostolique dut revê-
tir l'or des idoles et la pourpre des empereurs.
Au xiie siècle, le paganisme est restauré dans
toute sa splendeur. L'église, partout où la dévotion est assez riche, est devenue la cathédrale.
L'Europe est couverte de cathédrales; la prairie
a toutes ses fleurs matinales et un peuple immense, sorti de ses ruches, va de fleur en fleur,
de sanctuaire en sanctuaire, cueillant des indul-
gences, des réconforts, des grâces, des guérisons,
la force de vivre joyeux en un siècle dur. Les
béquilles du temple d'Éphèse s'amoncellent sous
les voûtes de la cathédrale de Chartres, où une
belle idole, naguère apportée d'Orient, bénit les
fidèles ivres et se fait vénérer sous le nom de
Vierge noire. L'art catholique, comme la religion
elle-même, est la suite naturelle et logique de
l'art païen.

On ne peut entrer ici dans le détail, ni énu-
mérer les preuves d'une manière de voir qui paraîtra peut-être hasardée à ceux qui ne connaissent que la surface de l'histoire; on ne peut
davantage discuter aucune des opinions reçues,
mais cette affirmation des partielles origines
païennes du catholicisme ne nous fait pas mécon-

naître, on s'en doute, ce que l'Évangile, les pères de l'Église, saint Benoît et ses moines appor-
tèrent de nouveau et de purement spirituel dans
l'idée religieuse ; cependant, et même sur ce point,
il faudrait étudier les Alexandrins et comprendre
que le mysticisme, qui a pris dans le catholicisme une forme catholique, n'est pas autre chose
que celui qui prenait, dans Proclus, une forme
mythologique. Le symbolisme chrétien n'est lui-
même qu'une transposition du symbolisme néo-
platonicien ; on ne sait si tel gnostique fut chrétien ou philosophe et il est difficile de faire dans
le pseudo-aréopagite, la part des rêveries orientales et la part de l'enseignement patristique.
Là encore, dans la suite des temps, la fusion se
fit si intime que, sans le chercher et sans le vouloir, le catholicisme spéculatif s'assimila et nous
a conservé un nombre infini de notions parfaitement contradictoires avec l'esprit de l'Évangile
et avec la religion de saint Paul : un christianisme pur eût rejeté toute la tradition pythagori-
cienne ; le catholicisme, fidèle à son nom, nous
a transmis, au milieu de la religion du Christ,
à peu près toutes les superstitions et toutes les
théogonies orientales.

Il nous a conservé encore et transmis directement la tradition littéraire gréco-romaine. Ceci

est plus connu et moins contesté. On sait maintenant qu'il n'y eut pas de « renaissance » au
xvᵉ siècle ; on sait que, en aucun moment des
siècles antérieurs, les lettres latines n'avaient
cessé d'être cultivées et que Virgile fut, durant
tout le moyen âge, en Italie, en France, en Allemagne, non seulement lu, mais vénéré, non seulement commenté, mais imité. Le rôle des humanistes fut cependant important : de même que
les protestants voulaient purger le christianisme
de son élément païen, les humanistes voulurent
éliminer de la littérature tous les éléments chrétiens. Les uns et les autres réussirent ; mais,
tandis que la tradition littéraire a été renouée
par le romantisme, la tradition religieuse est
restée brisée. La littérature n'est demeurée que
pendant trois siècles étrangère à l'âme humaine
à laquelle on substituait l'âme héroïque et pon-
cive ; la religion privée de l'art païen, qui était
sa force populaire, est devenue et est restée une
philosophie de sacristie et une morale de confes-
sionnal ; elle n'a plus d'influence sur l'esprit secret des races, qui est avide de beauté corporelle
et de magnificence ; rien de trop ; elle s'est fait
mitoyenne entre tout ; elle est devenue le centre
médiocre de la médiocrité universelle.

III

Cependant l'Église a des archives, une histoire, celle de sa beauté passée : c'est dans cette poussière resplendissante que se réfugient encore certaines intelligences et certains talents. Chateaubriand, pour exhumer le catholicisme, n'eut qu'à laisser son génie se souvenir d'une enfance jadis enivrée de fêtes et de légendes ; ses œuvres historiques et apologétiques eurent une grande influence sur le développement du romantisme français ; elles rendirent possible la grandiose archéologie de Victor Hugo, aussi bien que le sentimentalisme religieux de Lamartine ; si l'on néglige tout l'intermédiaire, on les voit, vers la fin du siècle, aboutir selon leurs canaux, à *Sagesse*, à la trilogie apologétique de M. Huysmans : *la Cathédrale* essaie de refaire avec des moyens nouveaux, plus restreints, mais plus persévérants, avec des outils moins brillants, mais plus aigus, le *Génie du christianisme*. L'écrivain d'aujourd'hui a lu aussi *Notre-Dame de Paris*, et aussi quelques autres livres ; il doit à Chateaubriand l'esprit apologiste ; à Victor Hugo, l'amour des pierres sculptées ; aux autres, tout le reste.

L'intention apologétique de M. Huysmans est
certaine, quoique discrète. Il veut prouver qu'il
y a, ou plutôt qu'il y a eu, un art catholique,
symbolique et mystique, très supérieur, surtout
par l'expression, à tous les arts profanes, anti-
ques ou nouveaux ; il étudie l'architecture, d'après
la cathédrale de Chartres, la peinture d'après
les primitifs et surtout Fra Angelico, la musique
d'après le plain-chant grégorien, la mystique et
la symbolique, d'après les saints, les théologiens
et les compilateurs du moyen âge ; comme centre au roman, une page de l'histoire d'un écrivain converti qui tente le renoncement et commence par vouer tout son talent à la défense de
l'art religieux ; le sentiment est représenté par
des effusions d'amour pieux versées aux pieds
de Notre-Dame ; les personnages, hormis peut-
être celui d'une servante dévote et mystique,
silhouette curieuse, sont de la psychologie la plus
rudimentaire ; le directeur de conscience, l'abbé
Gévresin, apparaît d'une nullité extraordinaire,
presque phénoménale ; l'abbé Plomb est un ar-
chéologue de province sans caractère particulier
qu'une mémoire baroque où se sont logées, à
l'exclusion de toute notion sensée, les seules
singularités de la symbolique et la seule histoire
de la cathédrale de Chartres ; non moins versé

dans le même genre de connaissances, le héros
du livre, Durtal, exhibe, en plus, une âme de
jeune communiant, et l'esprit sarcastique d'un
critique d'art, aigre quoique dévotieux, partial
quoique renseigné. Avec de tels éléments le roman devait, comme tel, être d'un intérêt nul ; sa
valeur littéraire lui est donnée par de superbes
pages descriptives, mais où la description s'élève
parfois jusqu'à donner la raison des choses, au
moins la raison symbolique, au moins la raison
théologique. Le clergé, s'il lit ce livre, sera surpris de ne pas le comprendre, tout d'abord, car
ses maîtres lui cachent avec soin la connaissance
de la beauté sensible et, pour entendre (un peu)
le symbolisme, il faut une science préliminaire
de l'art et de la nature. Il y a dans des gestes,
dans des regards, dans des draperies, telle intention secrète à la fois de beauté et de prière qui
dépasse l'ordinaire intelligence d'un séminariste
gavé de théologie liguorienne. Cette partie du
livre de M. Huysmans, nef autour de laquelle se
rangent les petites chapelles et plusieurs autels privilégiés, cette partie de théologie sculpturale est
réellement supérieure et, le talent réservé pour
être loué à part, il faudrait encore admirer la patience de l'auteur, le long d'études compliquées,
lentes et troubles, auxquelles rien ne le prépa-

rait que la foi et où, finalement, il a dépassé ses
maîtres. Il y a aussi en tout cela un goût de beauté
pure, un sensualisme mystique, qui furent catholiques, mais qui ne le so. t plus ; c'est là l'innovation, ou le renouveau : heureux d'être devenu un bon chrétien, et peut-être sur la voie de
devenir quelque chose de plus et de plus rare,
M. Huysmans, s'il est prêt à quelques renonce-
ments, semble mal disposé à répudier ce qu'il y
a de païen dans le catholicisme, l'art. Par cela,
son catholicisme est presque complet ; il lui manque encore, en sa métamorphose et pour s'adapter entièrement à la vieille tradition romaine, de
ne pas mépriser la sorte d'art qui est une production naturelle du génie humain et, en somme,
une création d'ordre divin et surnaturel, absolument au même titre que l'art d'inspiration litur-
gique. De ce que le Couronnement de la Vierge,
de Fra Angelico, est « encore supérieur à tout ce
que l'enthousiasme en voulut dire », s'ensuit-il
qu'Ingres n'ait eu aucun génie ? Tel est cependant le parti pris de l'apologiste que, pour van-
ter Dieu, il dénigre la Nature et que, pour complaire à ses frères et tenter les infidèles, il exclut
de la communion universelle les plus grands
esprits créateurs, s'ils n'ont pas le front marqué
de la symbolique cendre. Cette méthode n'est

point inédite ; elle fut celle du violent et superbe
Tertullien, celle de l'autoritaire et rigoureux saint
Bernard, mais jamais celle des papes romains
qui firent de Rome la double capitale du christianisme et du paganisme et qui, peut-être dès
les temps anciens, rangèrent autour d'eux, témoins de leur double souveraineté, les reliques
des saints nouveaux et les effigies des anciens
dieux.

Il y a un art catholique ; il n'y a pas d'art chrétien ; le christianisme évangélique est essentiellement opposé à toute représentation de la beauté
sensible, soit d'après le corps humain, soit
d'après le reste de la nature. Saint Paul ne sait
pas ce que c'est qu'un temple chrétien ; encore
moins, une statue chrétienne ; il n'a pas la notion qu'une chose belle puisse être un ornement
ajouté à la beauté d'un cœur pur. Si un tel christianisme s'était développé, les civilisations anciennes nous seraient inconnues ; la religion de
saint Paul demandait impérativement la destruction des temples qui sont devenus les basiliques
italiennes, le brisement des idoles, ces statues
qui ont conservé dans le monde l'idée d'un art
désintéressé et purement humain ; la littérature
profane eût été annihilée comme le reste ; la propagation de l'Évangile eût été la propagation

de la barbarie et, pour tout dire, la croix aurait
été un fléau aussi affreux et aussi destructeur que
le croissant; les deux filles de la Bible auraient
couvert le monde de ruines, de troupeaux et de
tentes en poil de chameau. C'était le métier de
saint Paul de tisser des tentes : jamais métier
ne symbolisa mieux le caractère d'un homme.
Le premier soin des chrétiens qui voulurent ramener la religion à sa candeur première fut l'icono-
clastie la plus furieuse. Zwingle, à Zurich,
fit briser les verrières, rompre les statues, brûler les missels enluminés. En entrant dans l'église
de Tous-les-Saints, à Wittemberg, Carlostadt
cria le verset du Deutéronome : « Tu ne feras
point d'images taillées! », signal de dévastation
immédiatement compris de la plèbe qui suivait le
triste énergumène.

Je me souviens de n'avoir pu voir sans émotion ce que les calvinistes de Hollande ont fait de
leurs cathédrales. Tous ceux qui sont entrés à
Saint-Laurent de Rotterdam savent que le christianisme, dès qu'il prétend à retourner à la simplicité évangélique, se complaît, non dans l'aus-
térité, mais dans la banalité : une salle de
conférences à vitres et à gradins, voilà ce que les
Barbares prétendaient faire de Notre-Dame de
Chartres. L'idéal chrétien, en architecture, est

tout pareil à l'idéal démocratique : c'est le groupe
scolaire, et ni l'une ni l'autre de ces inspirations
n'est capable de produire un bâtiment égal en
beauté à la grange où, au xiii° siècle, les cister-
ciens de Lisseweghe serraient leurs moissons (1).
Il est d'ailleurs fréquent que les abbayes cister-
ciennes soient, au contraire, d'une nudité presque désolée. Saint Bernard, en réformant l'ordre
de Cîteaux, qui est devenu la Trappe, n'eut
aucunement l'intention de permettre le dé-
ploiement de grandioses architectures; fidèle
en cela au pur esprit évangélique, il réprouva
le luxe et méprisa l'art, comme plus tard saint
François d'Assise. Chaque fois que le christianisme, par les moines ou par les révolution-
naires, voulut s'astreindre à plus de conformité avec l'enseignement apostolique, il dut
rejeter tout ce qu'il y avait de païen, de beau et,
par conséquent, de sensuel dans la religion romaine. Il n'y a pas d'art chrétien ; les deux mots
sont contradictoires, et voilà pourquoi, même en
un livre presque de dévotion, si l'on parle de

(1) Ce beau morceau d'architecture est figuré dans les *Elé-
ments d'Archéologie chrétienne*, de Reusens ; Louvain, 1886,
p. 496. L'auteur dit avec raison : « On voit que les construc-
teurs du xiii° siècle s'entendaient parfaitement à donner un
aspect monumental même aux édifices dont la destination n'est
que secondaire. »

peinture, il faut prendre garde que même la
« symbolique des tons » ne préserva pas l'Angelico d'être avant tout un peintre, un homme qui
aime la couleur et les formes, un homme dont
les yeux se réjouissent à la vue de la beauté.

IV

L'art catholique, l'art du moyen âge fut-il,
autant que le pense M. Huysmans, autant qu'il
a cru le découvrir, minutieusement subjugué par
les règles, ou plutôt par les usages de la symbolique? Cela semble inadmissible. On concédera
difficilement que Fra Angelico n'employa pas
de brun dans son Couronnement parce que cette
couleur, « composée de noir et de rouge, de
fumée obscurcissant le feu divin, » est satanique; pas de violet, pas de gris, pas d'orangé :
parce que le violet dit le deuil ; le gris, la tié-
deur; l'orangé, le mensonge. L'abstention du
peintre trouverait sans doute des explications
moins extraordinaires. Et si les nefs de Bourges
sont au nombre de cinq et celles d'Anvers au
nombre de sept, est-ce vraiment en l'honneur
des Cinq Plaies ou en l'honneur des Sept Dons
du Paraclet? Que, dans la disposition la plus
ordinaire, trois nefs et un triple portail, il y

ait une allusion à la Trinité, c'est moins invrai-
semblable, quoique rien ne le certifie ; mais que
l'on ajoute des détails sur la symbolique du toit,
des ardoises et des tuiles ; qu'on nous affirme
que, d'après Hugues de Saint-Victor, l'assem-
blage des pierres d'une cathédrale signifie le
mélange des laïques et des clercs, nous avons
plutôt envie de sourire que de nous compoindre,
et, par surcroît, nous serons presque indignés
que l'on choisisse l'occasion d'une citation presque absurde pour écrire le nom du plus original
et du plus grand des mystiques du moyen
âge (1). En toute cette symbolique de la cathédrale, M. Huysmans ne fait qu'une rapide allusion à la basilique, et passe. Cependant la cathédrale gothique, par l'intermédiaire de l'art
romain, est certainement née de la basilique,
au moins de la basilique syrienne, dont les plans
furent très anciennement connus et imités en
Gaule. Si les cathédrales sont le développement
des basiliques, monuments auxquels la symbolique ne peut s'adapter, il s'en suit que la symbolique est postérieure aux églises ; qu'elle
peut en donner une explication quelquefois curieuse, mais jamais certaine. Il en est naturelle-

(1) Les compilations sur la symbolique attribuées à Hugues
ne semblent pas son œuvre.

ment de même pour ce qu'on appelle le mobilier
religieux, dont l'origine est antérieure au christianisme. On aurait bien surpris les martyrs qui
refusaient d'encenser les idoles en leur disant
que l'encensoir deviendrait un instrument pieux.
Peut-être que la signification symbolique dépar-
tie à ces accessoires du culte fut une sorte de
baptême conféré à des objets depuis longtemps
en usage dans les cérémonies liturgiques des anciennes religions. On sait qu'une lampe brûlait
perpétuellement, dans certains temples, dans
ceux de Minerve, d'Apollon, de Jupiter Ammon ;
et déjà l'huile devait être pure et tirée des seules
olives. La lampe éternelle était alors le symbole
du feu ou du soleil ; elle ne parle pas plus clairement aujourd'hui. Les prêtres d'Isis portaient
la tonsure en couronne, comme les plus anciens
moines ; on distribuait du pain bénit au nom de
Minerve, qui, comme Diane, protégeait des
confréries de jeunes filles, des Enfants de Marie.
Il ne serait pas sans intérêt d'étudier ces trans-
positions et cela vaudrait peut-être mieux que
d'accepter, sans les expliquer, les opinions de
Méliton ou de Durand de Mende (1).

(1) Le *Polyhistor Symbolicus*, de Caussin (Cologne, 1631), est
une symbolique de la mythologie gréco-romaine ; assez hasardée,
elle l'est moins que l'étrange ouvrage d'Antoine Monnier, *l'Art*

L'origine païenne du symbolisme des catacombes est certaine; c'est la mythologie qui
fournit les éléments décoratifs aux tombeaux
des premiers martyrs. Loin de tenter un art
nouveau, les chrétiens acceptèrent celui qui était
alors familier à tous et, sauf le type, d'ailleurs
admirable, de l'Orante, ils n'inventèrent d'abord
presque rien. Les Victoires, les Amours, la Mé-
duse, Prométhée, les Dioscures, les Saisons,
Icare, Silène, les Fleuves, Psyché et l'Amour,
voilà des sujets que l'on rencontre fréquemment
dans la décoration des catacombes. Avaient-ils
pris pour les chrétiens un sens nouveau? On ne
le croit pas. Cependant la Vigne, funéraire chez
les Romains, assume dans les catacombes, où
elle est fréquente, un sens tout opposé; elle
représente la vie et le Christ, sans doute en conformité avec le chapitre xv de l'évangile selon
saint Jean. Orphée eut de bonne heure une
légende chrétienne; saint Augustin lui donne,
comme aux sibylles, la valeur d'un prophète;
dans les catacombes, il est préfiguratif du Christ,
par sa douceur, le charme de sa voix et sa mort
douloureuse. Il n'est jamais représenté avec
Eurydice, mais seul et entouré d'animaux qui

*sacerdotal antique, explication du sens allégorique des prin-
cipaux monuments grecs et romains du Louvre* (1897).

écoutent les sons de sa lyre. Voilà, prise sur le
fait, la déformation chrétienne d'un symbole
antérieur. Peu à peu, réduit à un seul agneau
comme auditoire, Orphée s'identifia avec le Bon
Pasteur, et. de cette dernière figuration, il ne
resta finale nent, dans la symbolique chrétienne,
que l'Agneau. On a cru que le Bon Pasteur était
une transposition de l'Apollon Criophore, mais
rien ne l'a encore prouvé, quoique cela soit possible. Ainsi, dans l'art catholique, l'idée vient du
christianisme, et la figuration, du paganisme.

M. Huysmans l'analyse avec beaucoup de
soin, cette symbolique du moyen âge, si complexe et si curieuse ; mais qu'il s'agisse des
bêtes ou des fleurs, des couleurs ou des pierres
précieuses, il ne s'inquiète jamais du motif initial, ni de la source la plus ancienne ; il oppose sérieusement l'un à l'autre des compilateurs qui ont mal copié un manuscrit, chacun
selon son ignorance propre, donnant ainsi une
sorte d'importance pieuse à des opinions basées
sur une inconnaissance absolue de la nature.
Ah ! que M. Huysmans est plus intéressant
quand il conte, non ce qu'il a lu, mais ce qu'il
a vu, quand il qualifie d'après ses yeux et compare ensemble les trois bas-reliefs, de Chartres,
de Dijon et de Bourges, où sont figurées les joies

et les angoisses du Jugement dernier ! Quelle
erreur d'avoir fait intervenir dans une œuvre
d'art et de mysticisme, comme *la Cathédrale*,
la science facile des lectures patientes ! Après
tout ce qu'il a relevé dans les bestiaires et les
volucraires, dans l'éternel *Physiologus* du moyen
âge, il reste bien démontré que, hors des textes
originaux, la symbolique des bêtes ou des
plantes, qui affola l'Église jusqu'au xvie siècle,
apparaît telle qu'un amas incohérent de créances inanes : « Pour lui (le pseudo-Hugues), le
vautour caractérise la paresse ; le milan, la ra-
pacité ; le corbeau, les détractions ; la chouette,
l'hypocondrie ; le hibou, l'ignorance ; la pie, le
bavardage ; la huppe, la malpropreté et le mauvais renom. » Et l'on continue ainsi, en assi-
gnant à chaque bête, à chaque plante, à chaque
minéral, à chaque objet créé par la main de
l'homme, à chaque partie même du corps humain, la signification d'une vertu, d'un vice,
d'une vérité religieuse ou morale, d'un des articles de la foi. On se trouva donc en possession
d'une véritable langue hiéroglyphique apte à
figurer aux yeux des affirmations élémentaires.
Le langage des fleurs encore populaire, et dont
ne manquent pas d'user les cœurs très simples,
est le dernier résidu de la vieille symbolique. Au

xviiᵉ siècle, le symbole fut détrôné par l'emblème, dans la morale religieuse; par l'allégorie,
dans l'art. Jusqu'au xviᵉ siècle, on demeura
persuadé « que sur cette terre tout est signe,
tout est figure, que le visible ne vaut pas ce
qu'il recouvre d'invisible » ; et le souci de l'art
catholique fut de faire parler la nature, de forcer le ciel et la terre à raconter la gloire de Dieu
ou à devenir les exemples et les conseillers de
l'humanité. Yves de Chartres affirme que la
symbolique était enseignée au peuple; du moins
il est probable que par les sermonaires, qui en
faisaient un usage constant, le peuple avait acquis
certaines notions de cette science confuse, contradictoire et illusoire. Les prédicateurs expliquaient les vitraux, les fresques, les bas-reliefs;
mais chacun à sa manière, car on n'était d'accord
que sur un très petit nombre de sujets. Saint
Bernard, évangéliste sévère, réprouvait les orne-
mentations symboliques, dont les églises et les
cloîtres étaient historiés; il ne voulait pas admettre ce langage, qui souvent s'arrêtait aux
yeux, sans pénétrer jusqu'au cœur. Il y a dans
ses lettres, à ce propos, un passage très curieux :

Que signifient cette ridicule monstruosité, cette élégance merveilleusement difforme, ces difformités élégantes

étalées aux yeux des frères pour les troubler sans doute
dans leurs prières ou les distraire dans leurs lectures ?
Que nous veulent ces singes immondes, ces lions furieux,
ces monstrueux centaures ou semi-hommes, ces tigres à
la peau mouchetée, ces soldats qui combattent, ces chas-
seurs qui soufflent dans leurs cors ? Ici, ce sont des corps
multiples à tête unique ; là, plusieurs têtes sur un seul
corps. C'est un quadrupède ayant une queue de serpent,
ou un poisson portant une tête de quadrupède. Voici un
animal dont une moitié représente un cheval et l'autre
moitié une chèvre ; en voilà un autre ayant des cornes
et se terminant en un corps de cheval. Enfin, c'est partout
une telle variété de formes qu'il y a plus de plaisir à lire
sur le marbre que dans les parchemins, et que l'on passe
plus volontiers les journées à admirer tant de beaux chefs-
d'œuvre qu'à étudier et à méditer la loi divine (1).

On a reconnu dans cette description quelques-
uns des *dubia animalia* si consciencieusement
décrits dans les bestiaires et figurés dans les
cathédrales, le Tragelaphus, le Gryphe, l'Ixus,
le Myrmécoléon, le Phénix, les Faunes, les Sa-
tyres, les Sirènes, les Lamies, les Onocentaures,
la Licorne. D'accord, non plus avec la tradition
et avec Samuel Bochart (dans son *Hierozoicon*
ou Faune Sacrée), mais avec l'interprétation ra-
tionaliste, M. Huysmans identifie ces monstres,
la plupart mentionnés par la Bible, avec les vul-

(1) Cité par Ch. Gidel. *Sur un poème grec inédit intitulé :*
Ο ΦΥΣΙΟΛΟΓΟΣ (Annuaire de l'Association des études grecques,
1873).

gaires fauves de l'Orient. Croyons fermement
aux Gryphes et aux Lamies ; c'est plus amusant et peut-être plus sûr. Croyons à la Gorgone de saint Épiphane, le plus ancien des
pasteurs de chimères sacrées : « la Gorgone
ressemble à une belle femme ; ses cheveux blonds
se terminent en tête de serpents. Toute sa personne est pleine de charme, mais la vue de sa
figure donne la mort. Au temps de sa fureur,
d'une voix harmonieuse, elle appelle à elle le
lion, le dragon, les autres animaux'; pas un ne
se rend à son appel. Enfin, elle invite l'homme.
Celui-ci s'engage à s'approcher d'elle, si elle
veut bien cacher sa tête ; elle le fait : on en pro-
fite pour la prendre. Avec elle on tue les lions et
les dragons. Alexandre avait avec lui la Gorgone
Scylla... (1). » Elle est le symbole du péché et
de la tentation.

Il ne parut pas suffisant aux exégètes trop
pieux du moyen âge d'interpréter symbolique-
ment la nature entière et quelques merveilles
apocryphes ; on soumit à ce traitement la mythologie gréco-latine. C'était fort édifiant et un poème
tel que celui de Philippe de Vitry (xive) (2), *Ro-*

---

(1) *Op. cit.*, p. 222. Le texte grec commence ainsi :
Μορφὴν γὰρ πόρνης κέκτηται θηρίον ἡ Γοργόνη.
(2) Ne pas le confondre avec Jacques de Vitry (xiiie siècle),
mystique, sermonaire et historien, qui a d'ailleurs traité, mais

man des Fables Ovide le Grand, eut sans doute
un certain succès. Philippe a au moins le mérite
de l'invention ; il est original à sa manière ; nous
sommes surpris que M. Huysmans n'ait pas donné un aperçu de ses imaginations, bien faites
cependant pour « désinfecter le latin du paganisme, qui empestait la luxure, puait un affreux
mélange de vieux bouc et de rose » (1). Asper-
gées d'eau bénite, les Métamorphoses d'Ovide
deviennent innocentes, et réconfortantes pour les
âmes inquiètes ; c'est une nouvelle Bible offerte
à notre ferveur. Voici le tableau rectifié de Diane
et Actéon : Diane symbolise la Sainte Trinité ;
le Cerf, Jésus-Christ ; Actéon, Jésus-Christ incar
né ; et les Chiens, les Juifs. Dans l'anecdote
d'Apollon chez Admète, Apollon est encore le
Christ ; Mercure représente les Docteurs ; les
troupeaux, les Chrétiens ; la houlette, la crosse
épiscopale ; la lyre à sept cordes signifie à la fois
les sept articles du Credo, les sept sacrements
et les sept vertus. L'épisode d'Aristée est inter-
prété ainsi : Jésus-Christ est le taureau et les

en latin, des sujets analogues dans son histoire des Croisades.
Jacques de V¹try, qui voyagea en Orient et qui savait le grec, a
pu consulter des manuscrits byzantins et recueillir les traditions
orales. Après lui la légende des bêtes ne fait plus aucune acquisition.

1) *La Cathédrale*, p. 464.

apôtres sont les abeilles. Biblis, amoureuse de son frère, puis changée en fontaine, c'est la Sapience divine ; Cadmus, le frère qui la rebute, c'est encore le peuple Juif. La Gentilité est dite par Pallas; l'Église, par Phèdre et par Atalante; Satan, par le serpent Python et par Vulcain; la Judée, par Céphale et par Callisto.

Plus anciennement, on avait retrouvé les douze Apôtres dans les douze signes du Zodiaque; mais cette opinion fut combattue et chaque signe fut plié à figurer : le Scorpion, Satan; le Sagittaire, Jésus-Christ triomphant; le Capricorne, le Pénitent; le Lion, le Méchant; le Cancer, l'Hérésie; le Taureau, le Sacrifice divin. La présence d'un signe appelé « Virgo », dans une nomenclature aussi ancienne, servit longtemps d'argument apologétique, ainsi que certains vers de Virgile et la littérature, complètement apocryphe, des sibylles.

M. Huysmans cite une symbolique du corps humain, d'après Méliton (1); elle n'est pas très

(1) Saint Méliton, évêque de Sardes, vécut au IIᵉ siècle et fu un des grands théologiens grecs. On lui attribuait une *Clef de la sainte Ecriture* : cet ouvrage apocryphe, invoqué par l'abbé Auber dans son grand ouvrage sur le *Symbolisme*, est également cher à l'auteur de *la Cathédrale*. Il est peu probable qu'une compilation où l'on disserte sur la symbolique des églises gothiques ait pour auteur un évêque grec du IIᵉ siècle : cependant M. Huysmans écrit, après avoir cité Durand de Mende (XIIIᵉ siè-

curieuse ; en voici une autre, tirée du *Livre de la Discipline de l'Amour divine* (1519) :

Moult noble et digne est la créature humaine, laquelle, selon l'âme, est image et semblance de toutes créatures. Le chef rond et clos par dessus, où sont les sens corporels figure le ciel ; et les yeux représentent le soleil et la lune et les autres sens les étoiles. Et comme est le monde gouverné par et selon les sept planètes du ciel, aussi il y a au chef humain sept trous, entrées et issues, pour gouverner le corps sensiblement : deux ès yeux, deux aux oreilles, deux au nez et un à la bouche, par lesquelles l'âme fait ses opérations corporelles et spirituelles. Des quatre éléments, appert plus la clarté du feu ès yeux, l'air en la poitrine, l'eau au ventre et la terre ès jambes. Les os du corps humain sont représentation et figure des créatures qui ont être et non vie ni sens, comme pierres et métaux. Les ongles des pieds et des mains, et les cheveux qui croissent et décroissent insensiblement signifient les créatures qui ont être et vie végétative, lesquelles sont insensibles comme plantes et herbes. Le corps humain est figure et représentation du grand monde, et il est image et expresse semblance de Dieu créateur et de toute créature.

L'époque de l'agonie du symbolisme fut aussi celle de sa plus curieuse démence ; je veux donner encore, car il est bon de connaître comment finissent les modes les plus longues et les coutumes les plus caractéristiques, un aperçu du *Quadragésimal spirituel*, imprimé en 1520 ;

cle) : « Suivant d'autres symbolistes de la même époque, tels que saint Méliton, évêque de Sardes, et le cardinal Pierre de Capoue, les tours représentent la Vierge Marie... »

c'est un livre qui, sans doute, fut édifiant : La salade qu'on mange en carême, à l'entrée de table, c'est la parole de Dieu, qui doit nous donner appétit et courage. L'huile de douceur et le vinaigre d'aigreur, qu'on met par parties égales dans la salade, sont l'image de la miséricorde et de la justice divines. Les fèves frites représentent la confession. Il faut, pour bien cuire, que les fèves trempent dans l'eau ; il faut que le pénitent se trempe dans l'eau de méditation. Les pois, qui ne cuisent bien que dans l'eau de rivière, sont l'emblème de la pénitence, qui doit être accompagnée de la contrition véritable. La purée, qui pare bien les dîners de carême et qui se passe sur l'étamine, c'est l'image de la résolution de s'abstenir de péché. La lamproie, poisson excellent et d'un prix élevé, c'est la rémission des péchés ; il faut le payer en rendant tout ce qu'on retient injustement, en ôtant toute rancune du coffre du cœur.

... Sinon vous ne mangerez cette lamproye dignement avec son sang, duquel est faite la bonne sauce, c'est à sçavoir le mérite de la passion... Par le safran qui doit estre mis en tous potages, sauces et viandes quadragésimales, s'entend la joie de paradis, laquelle nous devons penser en toutes nos opérations, odorer et assortir. Sans le safran nous n'aurons jamais bonne purée, bons pois passés, ni bonne sauce ; pareillement, sans penser aux joies de paradis, ne pouvons avoir bons potages spirituels.

Ce morceau aurait trouvé tout naturellement sa place parmi les propos de table et les allusions culinaires dont M. Huysmans n'a pas dédaigné de larder sa *Cathédrale*, et il vaut bien la recette, d'ailleurs favorable, du pissenlit aux lardons (1).

En somme, la symbolique, au cours de ces longues, un peu trop longues pages, est traitée d'une façon satisfaisante et avec une érudition bien faite pour éblouir le lecteur dévot aussi bien que l'indifférent. Le dévot ecclésiastique sera même flatté de quelques erreurs d'un autre ordre, sur les vierges noires, sur l'apostolicité de l'Église des Gaules, sur saint Denys l'Aréopagite, toutes questions autour desquelles le clergé dispute avec âpreté et que M. Huysmans résout dans le sens qui sera le plus agréable aux curés archéologues. Il est entendu que les vierges noires, telle que de Chartres ou du Puy, sont d'origine druidique : « Bien avant que la fille de Joachim fût née, les Druides avaient instauré, dans la grotte qui est devenue notre crypte, un autel à la Vierge qui devait enfanter, *Virgini pariturae*.

(1) *La Cathédrale*, p. 438.

11

Ils ont eu, par une sorte de grâce, l'intuition d'un Sauveur dont la Mère serait sans tache...» Il n'y a pas à insister. Les vierges noires sont d'origine orientale et aucune n'est signalée en France avant le xiie siècle. Elle est bien curieuse, cette littérature des préfigurations! On est allé chercher jusqu'en Chine le pressentiment de la Vierge Mère et l'on a trouvé que la vierge Kiang-Yuen conçut son fils Heou-Tsi miraculeusement, par la lueur d'un éclair ! La mère de Yao fut fécondée par la clarté d'une étoile; celle de Yu, par la vertu d'une perle qui tomba dans son sein (1) ! Qui doutera, après cela, de l'innocente piété des Druides? La seconde des erreurs, tout ecclésiastiques, que l'on a soufflées à l'auteur de *la Cathédrale*, est la prétention de faire remonter aux disciples immédiats des Apôtres, sinon aux Apôtres eux-mêmes, l'évangélisation des Gaules et la construction des anciennes églises d'où sont nés les monuments définitifs érigés dans le moyen âge. La vérité est que, si l'on excepte Lyon qui eut une église vers l'an 198, il n'y avait encore, au milieu du iiie siècle, aucune trace sérieuse de christianisme dans les Gaules ; en réalité, l'évangélisation des Gaules

(1) A. Bonnetty : *Traditions primitives* (Annales de Philosophie Chrétienne, 1839).

date de saint Martin, au IVᵉ siècle. La troisième erreur de ce genre est la plus curieuse, la plus absurde et la plus tenace ; c'est celle qui fait d'un grec nommé Denys, converti par saint Paul, à la fois l'auteur d'une série d'admirables ouvrages mystiques, le premier évêque d'Athènes et le premier évêque de Paris. Ce personnage mythique assume ainsi sur lui seul la vie de trois Denys bien distincts : l'évêque d'Athènes, Denys l'Aréopagite ; saint Denys, martyrisé à Paris à la fin du IIIᵉ siècle ; enfin, un écrivain grec du VIᵉ siècle qui écrivit des livres de théologie mystique et les publia frauduleusement sous le nom de Denys l'Aréopagite. Cette question était résolue dès le XVIIᵉ siècle, mais la piété veut des miracles. Or quel plus étonnant miracle qu'un contenporain de saint Paul dissertant de la hiérarchie ecclésiastique et des diverses sortes de moines ?

V

Tout cela, sans doute, n'a pas grande importance parmi les feuillets d'un roman ; mais cela prouve aussi qu'on ne s'improvise pas historien, comme d'autres pages de *la Cathédrale* prouvent qu'on n'apprend pas facilement la théologie, mystique ou doctrinale. Ce qui, par exemple, semble à M. Huysmans primordial dans la vie des saints, ce sont les visions, les hallucinations, les luttes contre le diable; il ignore que tout cet accessoire n'est jamais un motif de canonisation (1); qu'on ne l'accepte que s'il vient en superfétation à une vie de renoncement, de sacrifice et de charité; que les accidents cérébraux, si fréquents chez les saintes, ne le sont pas moins chez les hystériques; ou bien, épris d'abord du pittoresque et du singulier, il retient le diable comme l'indispensable metteur en scène des féeries de la sainteté. Voulant conter quelques traits de l'histoire de Christine de Stommeln (qu'il appelle, d'après quelque mauvais document, Christine de Stumbèle), ce qu'il choisit, ce qui le touche et le frappe, c'est la série des farces stercoraires qui troublèrent la vie de cette charmante fille et qu'elle atribuait à Satan. « ... Ils s'entretiennent, en se chauffant, des incursions nauséabondes que le Démon tente et, subitement, les scènes se renouvellent. Ils sont, les uns et les autres, inondés de fiente, et Christine, selon l'expression du religieux, en

---

(1) Cardinal Lamberti : *De Canonis*. (Cité par Brière de Boismont, *Hallucinations*, 2e éd., p. 523.)

demeure tout empâtée... » (1). Ce religieux,
Pierre de Dace, qui était l'ami et le confident,
mais non le confesseur de Christine, a, en effet,
noté une partie de sa vie et Renan nous l'a dite à
son tour d'après les Bollandistes, Quétif, Papen-
broch et un biographe moderne (2). C'était la
fille de paysans des environs de Cologne. Elle
avait reçu quelque instruction, ne savait pas
écrire, mais lisait et comprenait assez facilement
le latin. Liée dès son enfance à Jésus, comme
Catherine de Sienne, par un mariage mystique,
elle fut très pieuse, très douce et très douloureuse, « sponsa dolorosa ». C'est en 1267 que le
jeune dominicain Pierre, né dans l'île de Goth-
land, et étudiant monacal à Cologne, rencon-
tra pour la première fois Christine. Il avait pareillement des tendances à l'exaltation mystique :
un très pur amour joignit les cœurs de ces
deux enfants et, une nuit de prière et d'exaltation, ils célébrèrent leurs fiançailles spirituelles :
« *O felix nox*, dit plus tard Pierre de Dace, *o
dulcis et delectabilis nox in qua mihi primum
est degustare datum quam sit suavis Dominus !* »
Christine, véritable martyre de l'hystérie, avait

_____

(1) Les hallucinations de ce genre ne sont pas très rares dans
le délire hystérique. Cf. Brière de Boismont, *op. cit.*, observations 73 et 74.

(2) *Revue des Deux-Mondes*, 15 mai 1880.

des hallucinations de tous les sens, où domi-
naient les impressions répugnantes et tristes; de
plus, par dévotion, elle se lacérait le corps avec
des clous aigus; elle était couverte de blessures;
son sang coulait : un jour elle donna à Pierre
un de ces clous sanglants « tout chaud encore
de la chaleur de son sein ». Singulières amours !
Mais nous sommes au temps et au pays d'Hilde-
garde, de Mechtilde et d'une autre Christine,
aussi énervée, aussi languisante d'amour et de
douleur; et nous sommes au pays de Catherine
Emerich, la créature miraculeuse. Il faut comprendre tous les états d'âme et connaître la diversité des désirs. Lorsque, après une absence,
Pierre revint à Stommeln, il trouva Christine
plus calme, simple, aimable, souriante, « pleine
de grâce en ses mouvements »; elle souffrait
moins et remplissait dans la maison aisée de son
père l'office d'une jeune fille accueillante et hos-
pitalière, versant avant et après le repas l'eau
de l'aiguière sur les mains des convives. Pendant ce séjour de Pierre à Stommeln, Christine
devint le prétexte et le centre d'une petite académie mystique; quelques frères prêcheurs,
l'instituteur de la paroisse, Géva, l'abbesse de
Sainte-Cécile, Gertrude la sœur, et Hilla, l'amie
de Christine, la vieille Aléide, se réunissaient

pour lire et commenter Denys l'Aréopagite ou
Richard de Saint-Victor. Rien ne paraît médiocre en ce milieu ; la piété touche à la philosophie
et la dévotion s'élève au mysticisme. Pierre étant
de nouveau parti pour la Gothie, il s'établit
une corespondance entre les deux fiancés ; elle
est le témoin d'une amitié passionnée ; Christine
révèle à Pierre que Jésus lui a promis qu'ils seraient assis l'un près de l'autre pendant toute
l'éternité ; elle se répand en douceurs ; elle écrit
enfantinement : « *Caro, cariori, carissimo fratri
— Christina sua tota...* » Cette correspondance
s'arrête à l'an 1282 ; Christine avait 40 ans. Ensuite on ne sait plus rien de Pierre, sinon qu'il
mourut en 1288, prieur de Witsby. Son amie, et
c'était « ce qu'elle avait redouté comme le plus
dur de ses martyres », lui survécut ; elle ne
mourut qu'en 1312, ayant recouvré avec l'âge
la paix physique et la paix spirituelle. Tel est,
en abrégé, ce petit roman d'amour pur, exemple
du platonisme pieux qui séduisit tant d'âmes
élégantes en des siècles où les mœurs étaient
grossières. C'est la grossièreté du siècle qui a
séduit M. Huysmans et non la grâce exception-
nelle de cette Christine, ou la douceur de son
ami Pierre : toutes les eaux lustrales de la pénitence n'ont pas encore lavé de son vieux natu-

ralisme l'auteur héroïque de *la Cathédrale*.

Peut-être aussi qu'après le Satan lubrique de l'occultisme et de l'hérésie il a voulu esquisser le caractère du Satan orthodoxe, et qu'il l'a vu, comme le voyait le moyen âge, sous la forme particulière d'un personnage immonde et facétieux. Satan fut le « gracioso », le pitre des édifiants spectacles de jadis, le bobêche malpropre qui, ayant fait rire la populace, finit par être culbuté et bafoué. Dans les possessions, Satan et sa monnaie, les Diables, jouaient le rôle du principe inconnu; ils représentaient l'origine de toutes les maladies mystérieuses. On prouvait l'existence et la ténacité des Diables par l'inguérissable pourriture des trois éléments corruptibles, que le quatrième, le Feu, est impuissant à purifier. Et comme tous les moyens humains échouaient, on eut recours à la magie. C'est très ancien. De là les formules romaines de l'exorcisme, magnifiques obsécrations. Saint Augustin parle des esprits mauvais comme aujourd'hui on parle des microbes : « Ils abusent de notre chair, outragent notre corps, se mêlent à notre sang, engendrent les maladies (1). » Ils résident spécialement dans les eaux, dont la nocivité est ainsi expliquée,

1) *De Divinitate*, III, III.

aussi clairement, en somme, par la liturgie
que par la science : il faut que les eaux soient
bouillies ou stygmatisées du signe de la ré-
demption, car les démons redoutent également
le feu et la croix. En 1870, Pie IX, affirmant que
« les démons étaient fort nombreux, terribles et
méchants, en ce moment », concluait : « Invo-
quons, c'est la seule médication, Jésus-Christ,
lequel fut suspendu au gibet pour la purification
de l'air, *ut naturam purgaret.* »

Voilà bien des commentaires et bien des petites critiques, d'érudition plus que de littérature,
sur un livre qui, d'ailleurs, les supportera volontiers. Il a des mérites nombreux. Plus de la
moitié de ces longues pages est un style parfois
de bas-relief et digne de la grande imagerie de
pierre qu'il glorifie; mais la partie moderne, de
vie et de dialogue, ne surgit que faiblement, demeurée en grisaille. Là, l'écriture est parfois si
faible que cela chagrine. On y trouve jusqu'à des
phrases de prospectus de bains de mer : « Lourdes bat son plein; » sainte Thérèse y est qualifiée ainsi : « l'inégalable abbesse, » faute de
goût et qualificatif singulier chez un écrivain qui
devrait, lui au moins, savoir que les fonctions
et les noms d'abbé et d'abbesse sont particuliers

aux ordres monastiques qui suivent la règle de saint Benoit, traditionnelle ou réformée. Enfin, la vaste mosaïque a des taches et des trous et, en bien des endroits, les petits cubes de verre ont été plaqués au hasard de la cueillaison.

Ce livre abondant est sec. Il est dénué d'humanité à un degré presque douloureux. Rien de doux, de fier, de pénétrant, pas un de ces mots qui, à défaut de toucher la raison, émeuvent et font que l'on désire de participer à une croyance ou un rêve ; rien de religieux, non plus, si le sentiment religieux est autre chose que l'hyperdulie maniaque d'un chanoine de province ; rien de grand : la religion de Durtal oscille du rosaire à l'archéologie ; son amour pour la Vierge est sincère, mais il n'a pas trouvé les mots qu'il fallait dire pour forcer à l'exaltation les cœurs défiants. Je ne puis donc accepter *la Cathédrale* comme un véritable livre d'art catholique ; c'est plutôt le livre de la « religion d'art » ; mais alors, ne voulant tenir compte ni des erreurs, ni des lacunes, ni des défaillances, je l'accepterai très volontiers comme un beau livre.

1898.

II

PYSCHOLOGIE DU PAGANISME

Les apologistes protestants, pour mieux vitupérer le catholicisme, s'évertuèrent à démontrer qu'il n'est rien de plus, ni de moins, que la perpétuité du paganisme. Et on peut dire qu'ils y ont réussi, tant la haine a de persévérance et d'ingéniosité. Il n'y a presque rien à reprendre en des ouvrages tels que celui de Pierre Mussard, brave homme que Pierre Bayle, avec une excessive indulgence, qualifie d'homme fort illustré, *vir admodum illustris;* il était du moins fort savant, comme en témoignent ses « Conformités des cérémonies modernes avec les anciennes où l'on prouve par des autorités incontestables que les cérémonies de l'Église romaine sont empruntées des payens (1) ». Ce livre du dé-

(1) **A Leyde, chez Jean Sambix, 1667.** Cette édition est rare. Celle de Jean de Tournes, à Genèvre, un peu antérieure l'est davantage encore. On suit celle d'Amsterdam, 1744.

vot pasteur est agréable et reste, complété par
les diatribes de quelques fanatiques plus récents,
la meilleure preuve de l'antiquité et aussi de
l'excellence du catholicisme. Une religion, c'est
un ensemble très complexe de pratiques supers-
titieuses par lesquelles les hommes se rendent
favorables les divinités. On ne perfectionne pas
de pareils systèmes; il faut les accepter tels que
les générations les ont organisés, ou les nier rigou-
reusement. Les plus anciens sont les meilleurs;
c'est une grande absurdité de vouloir rendre raisonnables les jeux des enfants et une grande
folie de vouloir épurer les religions. Les jeux
surveillés par des maîtres taquins n'en restent
pas moins des jeux, quoique moins amusants;
les religions réformées n'en restent pas moins
des religions, mais dépouillées de toutes leurs
grâces puériles. Une croyance, quelle qu'elle
soit, est une superstition. Croire en un seul Dieu
et le prier, si c'est un acte pieux, il est d'une
piété plus large et plus belle de croire en tous
les dieux du Panthéon et de leur offrir à tous
des fruits et des agneaux. Pourquoi le seul Jupiter ou le seul Jéhovah? Ont-ils donc démontré
leur existence objective mieux que les héros
ou les saints? En ôtant au christianisme le culte
des saints, les protestants lui ont ôté tout ce

qui faisait sa vérité humaine. Les vrais dieux,
il faut peut-être qu'ils aient d'abord vécu ; leur
choix sera alors dicté au peuple par l'idée qu'il
se fait de l'état divin, c'est-à-dire de l'état héroïque. L'accord est plus facile avec des dieux qui
furent des hommes ou qui, du moins, font figure
d'hommes, par leur corps, même perfectionné,
par leurs passions, leurs amours ; et presque
toute la religion tourne autour de cet acte simple et moral, le contrat.

On s'égaie beaucoup en ces années de la forme
qu'a prise le culte, d'ailleurs très ancien, de
saint Antoine de Padoue. Le fidèle promet à cette
idole une offrande en échange d'un service : tel
est le thème. Il est aussi vieux que les plus vieilles reliques de la superstition religieuse. Le dieu
a différents besoins que son pouvoir ne suffit pas
à lui procurer : il ne saurait, par exemple, se bâ-
tir lui-même des temples, s'adresser des prières,
se brûler de l'encens. C'est donc l'homme qui
pourvoira à ces besoins de vanité ; et le contrat
intervient. L'homme apportera sa pierre au
temple et le dieu donnera à l'homme les biens
terrestres qu'il ne peut atteindre par sa seule
industrie. C'est au dieu de juger si le marché
lui convient. Il lui convient assez souvent pour
que l'homme soit confirmé dans sa croyance. La

religion n'est tolérée par les hommes que pour
son utilité pratique. C'est cette utilité qui dé-
montre sa vérité.

« La vie était, pour les Phéniciens, dit M. Philippe Berger (1), un contrat perpétuel avec la
divinité. » Mais la vie de l'homme pieux ou du
croyant a toujours été un contrat tacite ou formulé, et le mystique lui-même n'échappe pas à
cette nécessité, ni même le quiétiste. Il n'y a pas
d'amour qui ne désire l'amour et qui ne l'exige
au fond de soi : sainte Thérèse veut être aimée
alors même qu'elle sacrifie ses joies à sa passion.
Dans le protestantisme, c'est la foi qui rem-
place les œuvres en l'un des plateaux de la balance ; on fait avec Dieu le marché qu'il sauvera
l'âme qui croit en sa divinité. Cela n'est pas
moins naïf, quoique plus audacieux encore, que
les contrats polythéistes, car vraiment on offre
alors bien peu de chose, en échange d'un bienfait, à la toute-puissante idole intellectuelle. La
prière est tout au moins l'amorce d'un contrat
entre l'homme et Dieu. Si Dieu accorde la grâce
demandée, l'homme est tenu, sous peine de voir
sa prière inexaucée à l'avenir, de se conformer
aux règles établies par les prêtres; mais il y a
un accommodement.

(1) *Phénicie*, dans la *Grande Encyclopédie*.

Dans le *Journal* inédit d'un pasteur calvinis te,
je relève souvent ces cris : « Jésus, rappelle-toi
tes promesses !... Tu m'as dit, en 1836, que tu
serais toujours avec moi... O Jésus, en 1836, dans
cette galerie, seul, en prière, tu me promis de me
tenir par la main, de m'accompagner, de me sou-
tenir jusqu'à la mort... » Il cite à son Dieu les
dates où cette promesse a été tenue : le 23 novembre 1837, chez Mme de N***, à Wahern en 1840,
à Genève, en 1842, etc. ; et il dit très franchemen t
à son divin contractant : « Tu as tenu ta parole
depuis trente-quatre ans, je n'en pourrais dire
autant, sans doute, je suis un pécheur, mais je
compte sur ta bonté. » C'est l'appel à la bonté
des dieux qui fait l'originalité de ces sortes de
contrats. Il faut bien que les hommes, s'ils ont
la notion abstraite de la bonté, la situent quelque
part ; cela ne peut être en eux-mêmes, lâches,
cruels et parjures : Dieu est fait de ce qu'il y a
de moins humain dans l'homme.

Le contrat est l'essence des religions. Il s'ap-
plique à toutes indifféremment et les explique
toutes. Un bon traité du contrat religieux serait
un livre indispensable pour l'étude de la psychologie humaine, en même temps qu'il fonderait
l'histoire scientifique de la religion, qui est encore à peine pressentie.

La religion romaine était donc basée sur le
contrat; quand elle s'agrégea le christianisme,
secte moraliste sans avenir populaire, elle con-
sentit à quelques modifications scripturaires dans
le libellé des formules. Le

MERCURIO ET MINERVAE

DIIS TVTELARIB.

est devenu, dans la suite des temps,

MARIA ET FRANCISCE

TVTELARES MEI

et c'est un des changements les plus importants
qui aient signalé le passage du paganisme au
catholicisme. On s'est amusé à rédiger les fastes
du christianisme d'après les œuvres oratoires et
de parade des théologiens : et ainsi on a obtenu
l'histoire de l'évolution de l'idée religieuse dans
les cerveaux, relativement supérieurs, des maîtres
du peuple; mais l'histoire de la religion populaire serait bien différente, et c'est la seule qui
compte, puisque la religion est un besoin enfantin, puisque les créances religieuses des maîtres
du peuple ont finalement abouti au scepticisme
cartésien. Si l'on entreprenait une véritable histoire du catholicisme romain, d'abord on ne tien-
drait nul compte de la réforme, qui n'est qu'un

arrêt de développement ou une régression; le
protestantisme trouverait place dans l'histoire
de la philosophie, où il forme le parti réaction-
naire, bien plus que dans l'histoire de la religion
dont il a déformé les vrais principes; cette question écartée, on remonterait aux plus anciennes
religions connues dont le romanisme peut récla-
mer l'héritage, jusqu'aux Phéniciens, jusqu'aux
Égyptiens et, çà et là, très loin, jusqu'au cœur des
plus vieilles superstitions asiatiques. En suivant
les métamorphoses des croyances, on devrait parler de Jésus, sans doute, mais pas plus que de
Bacchus, d'Isis ou de Mithra: il y a autant que
de christianisme, du bacchisme, de l'isiacisme et
du mithriacisme dans le catholicisme populaire,
tout cela greffé ingénument sur l'arbre aux nobles
branches du vieux Panthéon romain. Comme
nous avons reçu la langue, nous avons reçu la
religion du Latium; c'est au delà de l'Empire
romain, et seulement au delà, que le Christianisme juif a pu s'établir et vivre. Les pays aujourd'hui protestants ont toujours été chrétiens;
les pays aujourd'hui catholiques ont toujours été
romains ou gréco-romains; un atlas historique
rend très sensible cette vérité méconnue.

II

Au temps de Tibère, on pouvait encore inventer une morale, on ne pouvait plus inventer une religion. Celles qui existaient, en Occident ou en Orient, dépassaient en beauté et en richesse toutes les imaginations qui pouvaient fermenter dans la tête d'un prophète juif ou d'un romancier gréco-latin. Ni Jésus ne fonda une religion, ni Philostrate. Mithra venait d'Orient avec un dogme complet. Bacchus et Isis attiraient à eux, avec d'immenses troupes de croyants, toutes les superstitions éparses sur des terres ravagées et durement labourées. Il y a un mollusque qui ne peut devenir un coquillage qu'en s'attribuant une carapace abandonnée ; le christianisme devint une religion en s'introduisant dans le paganisme mythologique, dont la vieillesse avait affaibli les organes intérieurs. Un apôtre, vêtu, comme un philosophe, d'une robe de hasard et tous ses poils flottant comme sous un vent prophétique, entrait dans un temple et rebaptisait le dieu séculaire. Mars devenait Martine, sans que le peuple, habitué aux nouveautés religieuses, manifestât un grand étonnement. Tant de statues surabondantes gisaient dans les villas dé-

vastées par les guerres ; on érigeait la femme sur
le socle d'où le dieu tombait, ayant trop vécu ;
une inscription nous assure de la métamorphose
ingénue :

> Martirii gestans virgo Martina coronam
> Ejecto hinc Martis numine templa tenet.

La guerre est entre les dieux, mais non entre
les religions ; il n'y a qu'une religion, elle se ra-
jeunit.

Parfois des apôtres plus instruits de l'évangile
ordonnaient la destruction des temples, l'anéan-
tissement des dieux, mais le peuple alors se ré-
voltait et la religion ancienne se perpétuait dans
les forêts, dans les grottes. Plus tard, ces bruta-
lités évangéliques engendrèrent la sorcellerie,
un culte secret devenant nécessairement orgia-
que et malfaisant. A Paris, de nos jours, quand
la religion baisse, la somnambule gagne ; la
libre-pensée, pour le peuple, c'est le tarot et le
marc de café. On déplace la superstition, on ne
la détruit pas. En ses instructions au moine Augustin, Grégoire le Grand se prononce fermement
contre toute démolition inutile : « Ne pas renverser les temples, mais seulement les idoles ; si les
temples sont solides, les utiliser. » Quelle leçon
pour les faux idéalistes que l'esprit pratique

d'un pape qui sait ce que coûte la maçonnerie et qui sait aussi que le peuple, heureux qu'on lui embellisse ses églises, ne souffre pas volontiers les démolisseurs. Grégoire cependant contredisait Dieu qui a dit : « Détruisez, démolissez, brisez, brûlez, ravagez ; pulvérisez les statues, rasez les temples ; le fer, le feu et le sang ! (1) » Mais, pape romain, il est nécessairement supérieur à un dieu barbare. Il est civilisé. C'est pour avoir pris à la lettre les commandements de cette idole asiatique que les tristes protestants allumèrent tant d'incendies en France et en Allemagne. L'auteur des *Conformités* les loue de leur rage destructrice et il n'a à sa disposition que trop de textes de pères de l'Église pour corroborer son fanatisme.

Le peuple n'est pas destructeur. Il n'en a pas les moyens, pas plus qu'il n'a ceux de construire ; son rôle est de conserver, et il s'en est acquitté au cours des siècles avec un zèle admirable, malgré ses prêtres. On pourrait reconstituer la vieille religion romaine avec ce que la piété populaire d'aujourd'hui en a conservé.

Dans une précédente étude (2), on a donné quelques exemples de la continuité religieuse.

(1) *Exode*, xxxiv, 23 ; *Deut.*, xii, 2, 3.
(2) Voir page 142.

En voici d'autres, qui ne sont pas sans intérêt.
S'ils sont offerts sans coordination rigoureuse,
c'est qu'il ne s'agit ici que de notes introducti-
ves et d'un appel aux érudits plutôt que d'un
travail d'érudition.

Les Romains vénéraient *Spiniensis*, qui protégeait leurs champs contre les épines, les chardons, toutes les mauvaises herbes aiguës, né-
fastes aux troupeaux (1); nous avons, pour le
même office, N.-D. du Chardon, N.-D. de l'Épine
que les paysans saluent en revenant du labour
et que les femmes, le dimanche, parfument de
bouquets. *Spiniensis* est champêtre; il est vici-
nal. Les voyageurs mal renseignés lui demandent
leur chemin et qu'il écarte les voleurs. Mais
c'est à *Trivia* et à ses obscurs auxiliaires que
reviennent légitimement ces soins particuliers.
On trouvait leurs images encastrées dans les
troncs vénérables des vieux chênes, à peu près
semblables à ces vierges dolentes que l'écorce
ravivée enserre dans une gaine vivante. Les dieux
vicinaux, *dii semitales*, accueillent les prières des
voyageurs et agréent les ex-voto du retour. On
pend aux branches de l'arbre le bâton, les san-
dales, ou la bourse (vide) qu'ils ont préservée

(1) **Everardus Otto**, *De Diis vialibus*. **Magdebourg,** 1714.
xxxi, 1.

12.

des bandits. Avant de partir, on avait puisé à
la source voisine un vase d'eau bénite (lustrale)
dont on s'aspergeait pieusement; et le voyage
accompli, c'était encore la même cérémonie. Ce
que l'on avait promis à l'idole, elle l'exigeait. Le
vœu était sacré : *solvere vota*, payer le prix
convenu au contrat. Si ce prix, comme encore
aujourd'hui, allait aux prêtres, parasites de ces
asiles, cela semblait juste; avec l'argent des
vœux, les prêtres, du moins, entretiennent la
fraîcheur des idoles et les nourrissent de prières
et d'encens. Mais on retrouve enfouis par la
piété sacerdotale des trésors sacrés. Le prêtre est
trop crédule pour n'être qu'un exploiteur; il
craint son dieu autant qu'il se fait, lui, craindre
du fidèle.

Les parapets des anciens ponts étaient som-
més au-dessus de chaque pilier, ou vers le milieu
seulement, de la statue du protecteur, très souvent une vierge. Ammien Marcellin décrit ces
images en un latin si vert et si vivant qu'on
croit lire une langue moderne (1) : « *Quales in
commarginandis pontibus effigiati dolantur in-
comte in hominum figuras.* » Les ponts d'aujourd'hui s'ornent de telles figures, mais ridi-

_____

(1) xxxi, 1.

cules, même si elles étaient très belles, parce
qu'elles n'ont plus de signification. L'art est
obligé d'être utile, quand il veut être populaire.
Les gens s'arrêtaient un instant devant ces si-
mulacres ou les saluaient en passant, ainsi que
font encore les paysans qui rencontrent un cal-
vaire ou une Vierge. « Comme presque toujours
les voyageurs pieux, dit Apulée, au début de ses
Florides, s'ils rencontrent sur leur route quelque bois sacré ou quelque lieu saint, se mettent
en prières, déposent un ex-voto, s'arrêtent un
instant... », et parmi les motifs de ces sanctuaires il cite le *truncus dolamine effigiatus* et
l'autel champêtre enguirlandé que rappellent
singulièrement les grossières bonnes vierges
noires parmi les fleurs fraîches. C'est à la Diane
des chemins, à Trivia, que Marie a succédé le
plus souvent; et on se demande si la vieille
idole fut partout renversée, si tout l'effort contre la superstition du peuple aboutit à plus qu'un
changement de nom? Mais si le nom fut changé
les attributs demeurèrent et les surnoms et les
offices; *Diana servatrix* devient tout naturellement Notre-Dame de Bon-Secours, ou de Re-
couvrance, et *Diana redux* c'est N.-D. des
Flots, celle qui assure contre le péril des longs
voyages.

Parmi les autres dieux vicinaux, l'un des plus aimés était *Silvanus*. Les inscriptions en son honneur sont fort nombreuses. On le qualifiait volontiers de *sanctus* et il était le maître des Lares :

SILVANO
SANCTO. SACRO
LARUM. CÆSARI

C'était un saint tout fait. Il passa directement sur les autels chrétiens sous ce nom de saint Silvain que lui donnait déjà la piété populaire. Mais Priape, trop compromis, dut changer de nom; il prit celui de *Sanctus Vitus*, afin que les chrétiennes pussent invoquer sans rougir le dieu pour qui les femmes eurent toujours une particulière dévotion. Ainsi, en quelques siècles, la religion de la virginité et de la pudeur en était arrivée, sous la pression du peuple, à tolérer sur ses autels le maître des luxures, exemple amusant de la puissance naturelle de la vie ! Mais il ne faut pas s'y méprendre; canonisé, Priape devint fort décent et enfin matrimonial. Il ne dénoue plus l'aiguillette qu'au profit de la fécondité; le démon travaille à peupler le paradis et à donner aux anges des frères (1).

(1) Cf. G. H. Nieupoort, *Rituum qui olim av. Roman. botinuerint Liber;* Trèves, 1723.

Chaque maladie a son guérisseur et chaque métier a son protecteur. Arnobe et S. Augustin raillent l'humilité de ces dieux qui consentent à de si bas offices; ils ne railleraient plus, apologistes du présent siècle. Ce qu'ils ont haï règne, au nom même et sous l'égide du Dieu qui inspirait leur satire.

Dieux guérisseurs		Saints guérisseurs
Priape	Stérilité Impuissance	S. Vitus devenu S. Gui, S. Guignolet S. Paterne.
Strenua	Faiblesse	S. Fort.
Apollon	Peste	S. Roch. S. Sébastien.
Hercule	Epilepsie	S. Valentin.
Junon Lucine	Douleurs de l'enfantement	Ste Marguerite.
Vibillia fait retrouver leur chemin aux voyageurs égarés.		S. Antoine de Padoue fait retrouver les objets perdus.
Hippona, ou Epopona	Maladies des chevaux	S. Georges. S. Eloi.

Cette liste n'est qu'une amorce. On en continuerait longtemps le parallélisme, avec plus ou moins de précision. A *Febris*, qui éloignait la fièvre; à *Rubigus*, qui préservait les blés de la rouille ; à *Stercutius*, qui donnait sa valeur au fumier ; à *Orbona*, qui protégeait les orphelins, on opposerait une magnifique liste d'analogues jeux de mots, car :

S. Bonaventure guérit		du mal d'aventure.
S. Léger	—	de l'embonpoint.
S. Ouen	—	de la surdité.
S. Claude	—	les éclopés.
S. Cloud	—	des clous et boutons.
S. Boniface	—	de la maigreur.
S. Atourni	—	des étourdissements.
Ste Claire		
S. Clair		
Ste Luce		des maux d'yeux.
Ste Flaminie de Clairmont		
S. Genou	—	de la goutte.

Dans le symbolisme (1), saint Georges et son dragon figurent Hercule et l'Hydre ; Apollon porte-lyre revit en sainte Cécile, en saint Genest ; Bacchus, en S. Vincent ; Vulcain, en S. Eloi ; Mithra, en N.-D. des Sept Douleurs ; Jupiter Ammon, dans le Moyse cornu. Comme Diane protégeait Éphèse ; Minerve, Athènes ; Vénus, Chypre ; Sainte Éligie protège Anvers ; S. Marc, Venise ; S. Wenceslas, la Bohême. Même race, même psychologie, même religion ; cela est invincible. Au temps de la ferveur républicaine,

(1) Sur cette question M. Gaidoz, directeur de *Mélusine*, est l'homme du monde le mieux documenté.

on offrit des bouquets à la Marianne de la place de la République; pour exister dans l'âme du peuple, elle avait dû se diviniser.

Beaucoup de sanctuaires romains sont d'anciens temples païens qui, dans leurs noms nouveaux, laissent lire leur généalogie (1) :

Temples	Eglises
Jupiter Feretrius.............	In Ara Cœli.
La Bonne Déesse.............	Ste-Marie Aventine.
Apollon Capitolin...........	Ste-MarieduCapitole.
Isis (au cirque de Flaminius)..	Sancta Maria in Equirio.
Minerve....................	Ste – Marie sur la Minerve
Vesta......................	N.-D. du Soleil.
Romulus et Remus..........	S.Côme et S.Damien

Les chaires en marbre de certaines églises de Rome sont des baignoires qui viennent de Dioclétien; dans la cathédrale de Naples, les fonts baptismaux ne sont autre chose qu'une ancienne cuve de basalte ornée de très beaux bas-reliefs où se lit l'histoire de Bacchus (2). Près de Mon

(1) Il y a des renseignements là-dessus, mais pas toujours très sûrs, dans la *Lettre écrite de Rome*, de Conyers Middleton Amsterdam, 1764.

(2) *Paganism in the Roman Church*, by the Rev. Th. Trede, pastor of the evangelical church of Naples (*The Open Court*, june 1899). Ce révérend continue, mais avec une bonne humeur ironique et attristée, le travail des *Conformités*. On ne saurait trop encourager ces sortes de travaux; dirigés contre le romanisme populaire, ils en sont la plus utile et la plus belle apologie. Nous utilisons la charmante étude de M. Trede.

teleone, une Ariane mutilée, dressée près d'une fontaine, est vénérée sous le vocable de *Santa Venere* (1); les femmes invoquent son secours en de « certaines circonstances » que le révérend n'ose préciser, mais qui doivent être à la fois la stérilité et les peines de cœur. Dans le voisinage il y a un havre appelé Porto Santa Venere. La plus ancienne église bâtie à Naples remplaça un temple dédié à Artemis; c'est la Madone qui assuma toute la dévotion antique; comme à Pausilippe, où elle succéda à Vénus Euplua, nom qui correspond exactement à N.-D. des Flots.

Divinisé par Adrien pour qui il était mort, Antinous fut gratifié à Naples d'un temple devenu populaire; S. Jean-Baptiste, mort aussi pour son maître, a pris la place du favori de l'empereur. Ce seul exemple suffirait à prouver à quel point l'idée religieuse et l'idée morale sont des conceptions opposées; elles sont souvent contradictoires. Le temple d'Auguste à Terracine est devenu avec une délicieuse facilité l'église S. Césarée. A Marsala, l'auteur de l'Apocalypse, prédestiné à ce rôle, rend les oracles au fond de l'antre d'une ancienne sibylle, et vraiment ici la naïveté confine à l'épigramme. A Monte Gargano, c'est S. Michel

---

(1) Cf. Sainte Venise, et voyez page 142 du présent ouvrage.

qui s'est substitué à Calchas dans le même office.
Le Mont Cassin jadis fréquenté par Apollon Python sert maintenant de retraite à S. Martin, autre
tueur de monstres. A Meta, une Vierge guérisseuse
continue au peuple les soins qu'il recevait jadis
de Minerva Medica. En général, comme l'a démontré M. Marignan (1), les pèlerinages aux tombeaux des saints sont la continuation directe des
pratiques du culte d'Esculape ; mais par la force
du principe d'utilité, sans lequel aucune religion
ne peut vivre, bien d'autres dieux qu'Esculape
furent guérisseurs et, d'autre part, c'est la Vierge
Marie qui, très fréquemment, a succédé à ces divinités bienveillantes : ainsi encore à Cos, où le
peuple a retrouvé avec joie en une N.-D. du Per-
pétuel-Secours, la pitié des Asclépiades (2).

Il y avait, au sommet du mont Vergine, près
de Naples, un sanctuaire célèbre de la Bonne
Déesse ; c'est encore la Vierge qui reçoit les cinquante mille pèlerins qui gravissent tous les ans
à la Pentecôte la colline sacrée.

Sur le golfe de Tarente, il y avait dans les
pays anciens un temple dédié à Héra, célèbre
parmi toute la colonie grecque qui y venait en

---

(1) *La Médecine dans l'église au vie siècle ;* Paris, Picard, 1887.
(2) Cf. la préface des *Mimes* d'Hérondas, trad. de P. Quillard ;
Paris, *Mercure de France*, 1900.

pèlerinage, s'y répandait en processions. Sous les
Romains, Héro devint Juno Lucina et au ve
siècle l'évêque Lucifer transforma Junon en Marie.
Les Sarrasins abolirent ce que les chrétiens avaient
respecté. Mais Aphrodite règne encore au mont
Eryx, toujours plein de colombes, toujours sacrées ; elle a pris un nom de madone, il est vrai ;
les déesses elles-mêmes doivent pour rester femmes et belles, se plier à la mode.

On a donné tous ces détails pour fixer les idées
et pour faire réfléchir. Ils valent bien une dissertation méthodique. Comme il s'agit d'insinuer
et non de prouver, besogne inférieure, on n'a pas
le dessein d'insister ni conférer les cérémoniaux,
les mœurs, les usages, ni de rappeler par exemple que la coutume d'injurier les saints est une
tradition païenne, et qu'on honorait ainsi Déméter et, à Rhodes, Héraclès, et que le cardinal
Bellarmin (1) constate que de son temps les fidèles ne craignaient pas de conspuer la Sainte
Vierge, *et blasphemando* meretricem *appellare
non timent.* Les parallèles se gâtent quand on
multiplie les détails et les points de comparaison.
Cela donne au scepticisme le temps de se retourner et de préparer ses arguments.

(1) *Traité de l'art de bien mourir*, t. III.

Comme les langues, les religions se sont sys-
tématisées et localisées, selon une logique que la
science peut analyser, mais qu'elle ne peut ni
réformer, ni diriger.

Tout pays où le christianisme s'est enté sur la
barbarie a une tendance au protestantisme ;

Tout pays où le christianisme s'est enté sur le
romanisme a une tendance au catholicisme.

Là l'évangile n'a pas trouvé de contre-poids
dans une civilisation antérieure ; ici, il a été
résorbé par une civilisation puissante.

Que l'on consulte une carte d'Europe. Cette
théorie n'y est contredite que par l'existence de
quelques îlots ; mais nul doute que les histoires
particulières ne les fassent rentrer dans l'explication générale.

On comprendrait de même la séparation de
l'Orient en catholicisme grec et en religion orthodoxe, celle-ci n'étant tout au fond qu'un protestantisme sectaire toujours bouillonnant, toujours prêt à enfoncer la porte de l'autorité.

Le catholicisme grec s'est propagé en pays de
domination romaine ou byzantine ; la religion
orthodoxe s'est implantée chez des barbares.

La France, qui n'est pas une terre latine, est
une terre romanisée ; elle ne peut garder son
originalité qu'en demeurant catholique, c'est-à-

dire païenne et romaine, c'est-à-dire anti-pro-
testante. Mais elle ne peut pas plus devenir pro-
testante qu'elle ne peut devenir anglaise ou turque.
C'est là un état de fait invincible et ironique contre lequel se buteront éternellement les conver-
tisseurs. Il faut railler leurs efforts, opposer impérieusement aux fumées de leur morale lourde
l'éclat d'un paganisme qui se rit de tout, excepté
de la vie.

Si on néglige les formes passagères et locales,
on peut dire qu'il n'y a jamais eu qu'une religion, la religion populaire, éternelle et immuable
comme le sentiment humain lui-même. Ce qui
s'est modifié, c'est l'esprit religieux, c'est-à-dire
la manière d'interpréter ou de nier les symboles ; mais ceci se passe en des têtes qui vraiment n'ont pas besoin de religion, puisqu'elles
discutent. La vraie religion est matière à croyance et non à controverses. Elle est matière à expériences, mais non à démonstrations historiques
ou philosophiques. Des pèlerins boiteux ont-ils,
oui ou non, laissé leurs béquilles à Éphèse ou à
Lourdes ? Voilà la question, qui n'en fut pas une
pour les témoins oculaires. Toute idée de vérité
doit être écartée des études religieuses, et même
de vérité relative. Une religion est utile et elle
vit ; inutile, et elle meurt. La vraie religion est

une forme de la thérapeutique ; mais elle va plus loin et guérit des maux plus obscurs et avec des moyens plus naïfs que la médecine naturelle. Elle guérit même la vague inquiétude spirituelle des âmes simples ; et cela est très beau. Tous les moyens lui sont bons, soit ; mais ce qui est utile à un homme sans nuire aux autres hommes n'est jamais mauvais.

Railler la superstition religieuse ou la maudire, c'est avouer que l'on fait partie d'une secte, au moins secrète. A une certaine hauteur audessus des psychologies moyennes on regarde comme des faits du même ordre le *Pater Noster* et l'*Oraison à Sainte Apolline contre le mal de dents*. Dès qu'il y a croyance, il y a superstition. Il faut s'accommoder de cela et ne pas essayer de limiter l'absurde. Quand Luther, après avoir consulté les saintes écritures, déclare qu'il n'y a que trois sacrements, il parle en pauvre homme. Il compte les cailloux que le Petit Poucet avait dans sa poche et suppute s'ils étaient de granit ou de pierre meulière. La rose qui parle est-elle thé ou mousse ? C'est à des problèmes de cette importance que se rapportent toutes les batailles religieuses ; ou de quels joyaux était l'aigrette de la Huppe ?

Le catholicisme populaire a regagné dans le

champ bariolé de la superstition tout le terrain
qu'il avait cédé au rationalisme sous l'influence
triste de la Réforme. Toute une mythologie
fleurit sous nos yeux ; elle n'a pas reçu de la
poésie le prestige des légendes grecques ; mais
elle n'en est que meilleure pour la science, étant
moins déformée. Il serait, je crois, plus sensé de
l'étudier que d'en rire. Rit-on de l'absurdité des
inexplicables travaux d'Hercule ? On a rédigé sur
la genèse des dieux triples d'excellentes dissertations, mais sans prendre garde que depuis soixante ans, et moins, une et peut-être deux tri-
nités nouvelles, enchevêtrées les unes dans les
autres, étaient nées sous nos yeux, et cela à l'insu même de ceux qui les ont créées par le zèle
inquiet de leur piété. De nouveaux saints, de
nouveaux dieux, sont sortis de l'ombre sans qu'y
aient pris garde ceux qui dissertent de l'origine
des divinités. Et cependant le présent explique
merveilleusement le passé ; ce qui n'est pas mystérieux aujourd'hui ne le fut pas jadis ; ce qui
n'est qu'un fait élémentaire de psychologie ne
fut pas davantage aux siècles antérieurs. On
n'a encore jamais enseigné aux hommes à vivre
dans le présent, d'ailleurs ils y répugnent. Les
uns s'en vont vers le passé, où il y a du moins
des lumières ; les autres se tournent, éternels

ébahis, vers l'avenir, ce ciel ironique. Ayant établi ce qu'ils appellent les lois de l'histoire, et ce qui n'est, en somme, que la coordination logique de leurs désirs, des rêveurs ordonnent avec gravité le lendemain des jours qu'ils auront oublié de vivre. Comme s'il y avait un avenir ! Comme si le futur pouvait être perçu en tant que futur, comme si la vie se réalisait jamais en dehors du présent, de la minute même où la sensation nous avertit de notre existence !

On a fait des livres sur la religion et même sur l'irréligion de l'avenir. Ce sont des productions gaies. Vers les années où Cicéron prévoyait un avenir de science et de philosophie, de liberté intellectuelle, il naissait en Judée, parmi les copeaux d'une cabane, un paysan nommé Joseph. L'avenir n'est pas plus clair pour nous qu'il ne l'était pour Cicéron au temps qu'il se riait des Augures.

Mai 1900

VI

LA MORALE DE L'AMOUR

LA MORALE DE L'AMOUR

I

Quelques médecins ont proposé très sérieusement, au nom de la science, au nom de la vertu, au nom du bien social (car les idées vivent dorénavant dans la promiscuité la plus triste), de considérer comme un délit tout acte sexuel perpétré en dehors du mariage. C'est le désir de M. Ribbing (1), entre autres, et le désir de M. Féré, auteurs tous les deux de dissertations plutôt provocatrices. Les ouvrages de ces éminents docteurs de l'amour ont remplacé dans les lectures secrètes les surannés manuels des confesseurs et les piquantes dissertations *in sexto* qui charmèrent tant de collégiens; ils ont même chassé du tiroir, tel est le prestige de la science! les petits livres grivois qui firent la fortune et la réputation de la Belgique. Et pourtant qu'ils

_____

(1) *L'Hygiène sexuelle et ses conséquences morales*, p. 215.

sont médiocres, ces professeurs de sexualité, à
peine moins qu'un Meursius! J'ai lu presque
tous ces livres (oh! que la chair est triste) et je
n'en ai pas rencontré un seul qui m'apprît quelque chose de nouveau, quelque chose qu'igno-
rerait un homme qui a vécu et qui a regardé la
vie des autres hommes. Il y a quelques années,
on poursuivit devant les tribunaux le travail d'un
certain docteur Moll, qui avait traité ce sujet
galant, les « perversions de l'instinct sexuel », et
cela parut ridicule, car les plus fortes révélations
du savant homme étaient déjà dans Tardieu, et
avant Tardieu dans Liguori, et avant Liguori
dans Martial et dans les Priapées, et ainsi de
suite jusqu'au commencement du monde. Si, aux
derniers siècles, la littérature grave est peu abondante sur ces matières, réservées à l'arrière-
boutique des libraires voués à la place de Grève,
c'est qu'on savait le latin et que l'antiquité sub-
venait aux curiosités; c'est aussi que la sodomie
était tenue pour un crime capital et que le saphisme, au contraire, semblait à nos ancêtres indulgents le passe-temps naturel des filles sages.
Au xviie siècle, il était avoué et entré dans la
galanterie des précieuses. Il faut la grossièreté
provinciale de la Palatine pour injurier à ce propos la vertueuse Maintenon. On appelait cela « un

commerce innocent », et de tels jeux on raillait la « joie imparfaite » (1), et les « secrétaires des demoiselles » donnent pour ces petites intrigues des modèles d'épîtres amoureuses. Notre civilisation, en devenant démocratique, s'est mise à tout prendre au sérieux ; le monde fut guidé par des parvenus intellectuels qui se prirent à trembler devant le catéchisme que les aristocraties de jadis faisaient enseigner au peuple par leurs domestiques. C'est ainsi qu'il s'est formé une morale sexuelle et qu'on est amené à traiter sérieusement, puisqu'il faut tenir compte de l'opinion, des questions que l'humanité a depuis longtemps résolues à son profit.

« La sobriété, dit La Rochefoucauld, est l'amour de la santé et l'impuissance de manger beaucoup. » La chasteté se définit par les mêmes mots, hormis l'avant-dernier, auquel on substituera un terme moins honnête. Et on devrait peut-être en rester là et s'amuser à varier à l'infini les nuances relatives d'une maxime diététique qui aurait fondé une nouvelle philosophie, si les hommes savaient lire. Elle s'adapte aux vertus qui ne sont que passives, et, renversée, à

(1) *Sur deux filles couchées ensemble, l'une faisant le garçon et parlant à sa compagne.* Cette pièce se trouve dans plusieurs *Recueils* du temps.

toutes les autres ; car il y a un impératif physiologique et nous n'avons de moyen de lui résister
que dans la faiblesse des organes qu'il doit mettre
en jeu pour se faire obéir. Cette faiblesse est un
signe de décadence organique ; l'impuissance de
manger beaucoup peut aller jusqu'à l'incapacité
de se nourrir ; c'est la diète, c'est la continence.
On s'imagine généralement que les hommes
chastes exercent sur leurs désirs une perpétuelle
tyrannie ; la continence du clergé est pour les
femmes l'exemple d'un martyre incessant. Les
femmes se trompent ; non pas qu'elles estiment
trop les plaisirs dont elles disposent ; mais, et
cela ne leur est pas particulier, elles prennent
ici la cause pour l'effet ; elles renversent les termes tels qu'ils se posent dans le thème d'une
bonne logique.

L'homme qui, de son plein gré, se voue à la
continence, c'est qu'il est glacé. Voilà la vérité.
Et la femme qui entre volontairement dans un
couvent, elle affirme la nullité de ses désirs charnels. Leur chasteté est un état physiologique et
qui, en général, ne comporte pas plus l'idée de
vertu que, chez un vieillard, la frigidité. Il y a
ou il n'y a pas désir et, hors les cas où il n'est
que morbide, le désir se résout en acte. Cela est
particulièrement impérieux dans la sexualité ;

l'évacuation est fatale. M. Féré, qui n'est pourtant mu par aucune idée religieuse, parle ici comme un bon vieux théologien : « Pour l'individu continent, les pollutions nocturnes constituent une sauvegarde contre la turbulence sexuelle (1). » Cela, c'est la contrepartie de l'ostentation vertueuse ou de la vertu forcée ; la vertu physiologique, celle qui est la conséquence légitime de la faiblesse des organes, s'épargne du moins de telles « sauvegardes ». On n'agit décemment qu'en conformité avec sa propre nature ; les gens qui veulent agir ou ne pas agir d'après les ordres d'une morale extérieure à leur vérité personnelle finissent, Dieu aidant, dans les compromis les plus saugrenus. Il nous reste à nous demander si, quand on punira de la prison (ou, qui sait, de la mort, car aux grands maux les grands remèdes) les actes sexuels extra conjugaux, il sera permis de se complaire avec le succube. C'est une question que traitent très sérieusement les casuistes, et quelques-uns sont indulgents aux plaisirs qui nous viennent en songe.

La science, qui ne devrait être que la constatation des faits et la recherche des causes, en est arrivée, par impuissance de faire son devoir, à la période législatrice. L'amour libre engendre

(1) *L'Instinct sexuel ; évolution et dissolution*, p. 301.

des maux évidents et que nul ne dénie : une loi
contre l'amour ; l'alcool est néfaste : une loi
contre l'alcool ; l'opium, l'éther nous menacent,
ou peut-être le kif : une loi contre ces drogues.
Et pourquoi pas aussi contre le gibier, les truffes
et le bourgogne, si cruels à certains tempéraments ? Et pourquoi enfin l'hygiène ne serait-
elle pas codifiée comme la morale ? Ne rationne-
t-on point les animaux domestiques ? Parmi les
paradoxes de Campanella, qui n'ont pas été dé-
passés, ni atteints, même par la science sexuelle,
on trouve ceci : qu'il est absurde de donner tant
de soins à l'amélioration de la race des chiens et
des chevaux, quand on néglige sa propre race.
Saint Thomas d'Aquin, dont les socialistes re-
prennent ingénieusement les idées, pensait aussi
que, la génération étant faite pour conserver
l'espèce, l'acte par quoi elle est assurée doit être
soustrait aux caprices particuliers. Mais le théologien trouva dans la discipline de l'Église un
frein à sa logique ; Campanella qui, quoique
moine et bon moine, prétend au droit de rédiger
des rêveries à la fois anti-chrétiennes et anti-hu-
maines, est allé jusqu'au bout de la théorie. Son
organisation de l'amour est épouvantable et
curieuse ; elle est moins dure et moins absurde
que celle de la tyrannie scientifique :

« L'âge auquel on peut commencer à se livrer
au travail de la génération est fixé pour les femmes à dix-neuf ans; pour les hommes à vingt et
un ans. Cette époque est encore reculée pour les
individus d'un tempérament froid ; en revanche,
il est permis à plusieurs autres de voir avant
cet âge quelques femmes, mais ils ne peuvent
avoir de rapports qu'avec celles qui sont ou sté-
riles ou enceintes. Cette permission leur est accordée, de crainte qu'ils ne satisfassent leurs
passions par des moyens contre nature ; des
maîtresses matrones et des maîtres vieillards
pourvoient aux besoins charnels de ceux qu'un
tempérament plus ardent stimule davantage.
Les jeunes gens confient en secret leurs désirs
à ces maîtres qui savent d'ailleurs les pénétrer
à la fougue que montrent les adultes dans les
jeux publics. Cependant rien ne peut se faire à
cet égard sans l'autorisation du magistrat spécialement préposé à la génération, et qui est un
très habile médecin dépendant immédiatement
du triumvir Amour... Dans les jeux publics,
hommes et femmes paraissent sans aucun vêtement, à la manière des Lacédémoniens, et les
magistrats voient quels sont ceux qui, par leur
conformation, doivent être plus ou moins aptes
aux unions sexuelles, et dont les parties se con-

viennent réciproquement le mieux. C'est après s'être baignés et seulement toutes les trois nuits qu'ils peuvent se livrer à l'acte générateur. Les femmes grandes et belles ne sont unies qu'à des hommes grands et bien constitués; les femmes qui ont de l'embonpoint sont unies à des hommes secs; et celles qui n'en ont pas sont réservées à des hommes gras, pour que leurs divers tempéraments se fondent et qu'ils produisent une race bien constituée... L'homme et la femme dorment dans deux cellules séparées jusqu'à l'heure de l'union; une matrone vient ouvrir les deux portes à l'instant fixé. L'astrologue et le médecin décident quelle est l'heure la plus propice(1). » L'astrologue donne à ce programme érotique un tour naïf qui n'est pas sans agrément; l'astrologue manque au projet de loi de M. Ribbing, mais on y verrait sans surprise la matrone, qui préside déjà à tant d'unions subreptices. Ce serait sa réhabilitation que de tenir désormais la chandelle conjugale et de donner aux époux, sur l'avis de la Faculté, le signal du départ.

On aurait pû aussi bien citer Platon, *République*, *V*, que Campanella suit d'assez près, mais avec son originalité propre. Platon, au vrai,

(1) *La Cité du Soleil;* trad. de J. Rosset, p. 181, *Œuvres choisies de Campanella.* Paris, 1847.

en tout ce chapitre, n'est pas moins naïf que le
rêveur du XVIIᵉ siècle. L'absence de psychologie
sérieuse, de sages observations scientifiques,
donne à toute cette philosophie politique de jadis
un air décidément enfantin. Les esprits politiques
de notre temps qu'on appelle « avancé », les col-
lectivistes, par exemple, ont cet air enfantin, à
cause de leur croyance, d'origine religieuse,
qu'on peut changer la nature humaine, en chan-
geant les lois humaines. Ils brident le cheval
par la queue avec un entêtement doux. Comme
Platon est supérieur, aux deux livres VIII et IX
de cette même *République*, où il considère l'histoire pour en tirer une philosophie! Là il travaille sur des faits réels et non plus sur des faits
créés par sa logique ou celle de Lycurgue.
Aimé-Martin, qui aimait si fort Platon, a fait du
Platon utopiste le plus cruel éloge en disant :
« Qui connaît Platon le retrouve partout dans
les écrits de Plutarque, de Fénelon, de Rousseau,
de Bernardin de Saint-Pierre. Ces grands hommes... » Non, c'est ici le coin des utopistes;
disons: ces grands enfants.

Plus heureux que Platon et que Campanella,
les législateurs modernes de l'amour ouvrent
une voie où ils ont, hélas! beaucoup de chances
d'être suivis. Ils flattent si adroitement la manière

tyrannique des démocraties! Il est naturel que
si le pouvoir est aux mains des faibles les lois
tendent à protéger la faiblesse. Le peuple a une
certaine conscience de son incapacité à se conduire et il est assez probable qu'il accepterait
avec plaisir, en même temps qu'une loi qui l'em-
pêcherait de se soûler, une loi qui le protégerait
contre la syphilis. La tendance moderne est de
faire deux parts des libertés humaines; après
qu'on aura supprimé toutes celles qu'il est possible de supprimer, les autres subiront une ré-
glementation rigoureuse. Sur quoi pourrait s'appuyer une loi contre l'amour? Mais, répond
M. Féré, qui philosophe volontiers et pas sans
talent, « sur l'utilité privée et publique, sur l'u-
tilité dans le milieu actuel qui est la morale actuelle ». C'est un principe, cela, et il commence
à se répandre. Ne le prenons pas au tragique,
cependant, car les théories individualistes fournissent pour le détruire assez d'arguments connus
et souvent maniés. Ce n'est pas d'aujourd'hui
qu'il est né; Gœthe a daigné en rire; quand
Auguste Comte en fit la base de son système
social, un homme d'esprit reconnut aussitôt qu'il
s'agissait de créer une humanité heureuse avec
des hommes dont on aurait détruit le bonheur
individuel. La critique est bonne, puisqu'elle

s'attaque directement à l'idée même. On peut la préciser.

II

L'homme est une colonie animale douée d'un système nerveux central, d'un centre de conscience et d'action, au moins illusionnel. La société est une colonie animale sans système nerveux central. La conscience d'un peuple, la conscience de l'humanité : métaphores. Il s'agit toujours d'une conscience particulière à laquelle par imitation s'agrègent les consciences éparses; mais la loi de l'unisson est fort loin d'être absolue et, même plus énergiques ou plus nombreuses, les divergences qui se taisent ou qui n'ont pas trouvé leur organe sont vaincues par un assentiment qui paraît unanime. Les hommes sont très souvent dupes des métaphores qu'ils ont créées eux-mêmes. On risque une comparaison, on la pousse un peu, une transformation s'opère. Paris est devenu le cerveau de la France. L'image admise, et elle n'a rien de fâcheux, voici les artères, les nerfs, les muscles, le squelette, une personne humaine vivante et vraie, la France, et nous sommes dupes : car tous les

14

raisonnements qui agréaient à notre logique,
appliqués au corps humain, nous allons les
répéter avec innocence sur un être fictif et qui,
en tant que matière à dissection psychologique,
ne peut être sérieusement comparé à rien. Un
homme est un homme, un pays est un pays. Si
on n'en revient pas là après quelques figures, on
n'a fait qu'une excursion ridicule dans la mauvaise littérature (1).

Cependant si on analyse ces mots, pays, nation,
société, peuple, et d'autres, d'inégale imprécis-
sion, on y trouve toujours pour élément essentiel l'homme; c'est cet élément, qui a son importance, que les sociologues s'appliquent à
méconnaître. Satisfaits du Gargantua qu'ils ont
laborieusement créé, ils font tenir tous les
hommes dans les poches de sa houppelande, et
le monstre les dévore un à un, comme fait des
bœufs, des moutons et des moines le père de
Pantagruel, selon les images de Gustave Doré.
L'homme n'est rien, c'est vrai; et il est tout,

---

(1) La comparaison de l'organisme social au corps humain,
c'est encore du Platon. Il résume son invention en cette phrase
de la *République*, V :

« Nous sommes convenus de ce qui était le plus grand bien de
la société, et nous avons comparé en ce point une république
bien gouvernée au corps, dont tous les membres ressenten. en
commun le plaisir et la douleur d'un seul membre. »

étant la condition même de l'existence du monde. Le monde, qui est créé par lui, est encore créé pour lui, et les sociétés, où il n'est qu'un atôme, dès qu'elles le froissent, deviennent haïssables et peut-être caduques. Que l'on tienne pour bon ce théorème : tout ce qui est utile à l'abeille est utile à la ruche; et qu'on n'essaie pas d'en renverser les termes, si l'on ne veut être tenu pour un simple faiseur de jeux de mots. La sensibilité est dans l'homme et non dans la société; il s'agit de moi, et de moi seul, même quand je refuse de me séparer du groupe social. Le véritable ciment d'une communauté, c'est l'égoïsme; au moment qu'un homme se fortifie et se grandit, il assure par cela même la santé et la puissance de la république.

L'idée de sacrifice est parmi les plus perverses qu'ait intronisées le christianisme. Mise en action elle s'exprime ainsi : négation d'un bien connu en faveur d'un bien inconnu. On sait ce que l'on sacrifie et le plaisir dont on se prive; on ignore la répercussion véritable de ce sacrifice en autrui et souvent le mal que nous assumons sera pour notre favori un mal plus grand encore.

Que de femmes, puisqu'il s'agit d'amour, auraient dû, pour leur bonheur éternel, être vio-

lentées, et combien ont pâti de la réserve trop
noble de leur amant ! Et que d'enfants, et particulièrement de jeunes filles chrétiennes élevées
au biberon du sacrifice, dont la vie effroyable
traîne comme une chaîne un des versets de l'é-
vangile juif ! Si une société ne peut vivre sans
la notion et la pratique du sacrifice, je ne sais
si elle est mauvaise, mais elle est absurde. La
force a les droits de la force ; elle les outrepasse
en jetant à travers le monde des aphorismes en-
veloppés de vertu comme des pièges cachés sous
des feuilles mortes. Le sacrifice, s'il n'est pas
un acte spontané d'amour, s'il est imposé par
un catéchisme ou un code, est un des crimes les
plus révoltants que l'homme puisse commettre
contre lui-même : que ce sacrifice soit d'un
homme à un homme, ou d'un homme à un groupe,
il ne change de caractère que pour s'aggraver.
C'est un plaisir encore de renoncer à un plaisir
pour assurer la joie ou le repos d'un être que
l'on aime ; et c'est un plaisir, parce que c'est un
acte égoïste ; parce que complaire à un autre
soi-même, c'est se complaire à soi-même. Ici
nous sommes dans la règle naturelle et dans la
logique de la sensibilité. Mais quelle est la valeur
de ce renoncement, si c'est au profit d'un inconnu
ou, ce qui va plus loin, au profit d'une abstrac-

tion, de l'un des mots du dictionnaire ? Quelle
valeur exacte ? Celle d'un acte de servitude. Les
esclavages volontaires sont les pires : le sacrifice
est toujours volontaire, puisqu'il implique au
moins le consentement du martyr. Lors donc
que l'on demande aux hommes de sacrifier leurs
plaisirs personnels à la prospérité de la société,
on leur demande d'agir en esclaves, de remettre
aux lois le gouvernement de leurs sensations, la
direction de leurs gestes, le maniement général
de leur sensibilité. Nous retrouvons le troupeau
avec ses étalons privilégiés, ses femelles repro-
ductrices et la troupe des neutres sacrifiés, sous
prétexte de bien général, à une utilité qui n'a
même plus aucun rapport avec la conservation
de l'espèce.

Le droit d'une législature médicale à régle-
menter l'amour pourrait être très étendu; car
quelles fantaisies l'utilité sociale n'a-t-elle pas
inspirées aux Lycurgues? Schopenhauer propo-
sait la castration comme châtiment des criminels.
Rien de plus scientifique. Les médecins l'impo-
seraient, non plus aux seuls délinquants, mais
à tous les tarés de l'hérédité : moyen radical de
supprimer en quelques générations les diathè-
ses transmissibles. Voilà les bœufs de la prairie
sociale : qu'en fera-t-on, quand ils seront gras ?

Mais la question ne se pose pas encore. Il s'agit seulement, « au nom de l'utilité actuelle, qui est la morale actuelle, » de réduire l'amour à des actes conjugaux, de faire enfin régner la loi mosaïque dont les hommes ne connaissent pas encore toute la douceur. L'utopiste, ayant réalisé cet effort original, s'arrête et doute; non de lui-même, mais de la possibilité de réaliser son idéal. Cette faiblesse nous prive de considérations piquantes sur l'état présent des mœurs et aussi sur la nature humaine. On y suppléera. L'utopiste est un type fort bien connu et que l'on peut dépecer de souvenir.

Il y a deux manières de vivre : dans la sensation et dans l'abstraction. L'utopiste, même homme de science, même excellent observateur de menus faits, abandonne, dès qu'il veut généraliser ses idées, tout contact avec la réalité. Voyant, par exemple, que la prostitution sévit dans les sociétés modernes, il en conclut immédiatement : la prostitution est un fait social, et lié à une certaine forme de la société. Construisez une société où toutes les filles seront mariées à dix-huit ans, il n'y aura plus de prostituées. Cette sorte de raisonnement ne manque pas d'élégance. Cependant, si l'on insinuait que la prostitution est un fait humain, avant d'être un fait social, on arriverait sans doute, par d'analogues déductions, à prouver que toutes les sociétés, quelles soient-elles, et même ordonnées selon les imaginations les plus scrupuleuses, contiendront des prostituées, et toutes en nombre à peu près égal. La prostitution changera de forme sociale selon la forme de la société, elle ne changera que de forme. Aucunes lois n'empêcheront ni une femme bavarde de parler, ni une femme lascive de chercher des amants. On pourrait objecter que les prostituées ne font pas l'amour par plaisir ; non, pas au point où elles le pratiquent et sous trop de formes peu plaisantes pour elles ; mais au début de sa carrière une prostituée a presque toujours été la victime de son tempérament, de ses curiosités vicieuses, de son goût pour le mâle. Par quelle magie les utopistes changeront-ils l'ordre des réactions dans un système nerveux ? A moins (ce que je crois) qu'ils ne jouent innocemment sur les mots, ils conviendront, et c'est d'ailleurs l'opinion de M. Féré, que ce qui constitue la prostitution, ce n'est pas le salaire, mais la promiscuité. Alors le mariage, appliqué à tous les couples, à moins qu'on ne lui accorde une valeur mystérieuse de sacrement en quoi réfrénera-t-il sérieusement la promiscuité? Le mariage, même civil, a-t-il sur les maladies

vénériennes l'effet de l'étole de saint Hubert ?
Peut-être cependant les utopistes croient-ils que
dans leur utopie le mariage sera respecté ? Cela
dépendra de la rigueur de la loi. Mais les Ger-
mains appliquaient, en matière d'adultère, la
peine de mort, et ils avaient occasion de l'appliquer. Parfois des hommes, même lâches, préfè-
rent la mort à certaines tristesses : on se suici-
dera beaucoup dans le paradis des législateurs
de l'amour.

III

Quelle est la morale de l'amour ?

Il n'y en a pas, en dehors des codes et des usages sociaux, dont les codes, pour être sages, ne
doivent être que la rédaction ; mais dans tous
les pays civilisés l'usage social, en ce qui touche
aux manifestations sexuelles, se confond avec
la liberté absolue. Cette expression, pays civilisés, est peut-être hypothétique : si elle n'a pas
d'application présente, puisque nous vivons sous
le joug d'une morale ennemie des instincts de
notre race, on se reportera, pour la comprendre,
à la glorieuse période de l'empire romain, aux
siècles calomniés par les démagogues chrétiens,

ou de l'Italie du Quattrocento ou de la France de
François Ier. L'amour, même en ses gestes publics,
est du domaine privé; et il a tous les droits,
précisément parce qu'il est un instinct, et l'instinct par excellence (1). C'est ce que reconnais-
sent implicitement même les moralistes de la
science en appelant ainsi leurs écrits. Qu'il est
vain d'insérer, sous ce titre, « l'instinct sexuel, »
des menaces contre la vie, contre les moyens que
choisit à son gré pour se perpétuer la vie éternelle! Oser dire à l'instinct qu'il se trompe, c'est
une des prétentions de la raison, mais peu raisonnable; la raison n'est là qu'une spectatrice
qui compte et catalogue des attitudes que son
essence même lui interdit de comprendre. Le
peuple, oui le peuple du XIXe siècle (ou du XXe siècle), qui s'ébahit aux éclipses et en applaudit
« le succès » (2), n'est pas sans croire que la
Science est pour quelque chose dans la belle or-
donnance du phénomène. Nos décrets contre
l'instinct vital pourraient fort bien faire illusion
au peuple de la science, mais non aux véritables

---

(1) Tout le monde connaît les vers de Baudelaire contre ceux
qui veulent « aux choses de l'amour mêler l'honnêteté ». Ces
vers sont la paraphrae d'un propos hardi de la Tullia de Meursius (*Colloquium VII. Fescennini*) : « Honestatem qui quaerit
in voluptate, tenebras et quaerat in luce. Libidini nihil inho-
nestum... »

(2) Des dépêches d'Espagne nous ont certifié cela.

observateurs et dont la sagesse ne veut pas dépasser un rôle déjà difficile.

Cependant on peut obtenir les déviations. En séparant les sexes et en les tassant dans des lieux clos à l'époque de la première effervescence génitale, on obtient à coup sûr la sodomie et le saphisme. Les Romains cultivaient déjà ces tendances dans les couvents de Vestales et les collèges de Galles ; nous avons singulièrement perfectionné leurs institutions avec nos casernes, nos internats. Il est certain que la personne qui choisit de passer exclusivement sa vie avec des personnes de son propre sexe traduit par cela même des tendances particulières qui doivent être respectées, mais est-ce le rôle de l'État de favoriser et même de faire éclore ces vocations, et sont-ils sensés ces moralistes qui, peut-être sans mesurer la conséquence de leurs désirs, demandent des réglementations qui aboutiraient nécessairement au même résultat?

Toute atteinte à la liberté de l'amour est une protection accordée au vice. Quand on barre un fleuve, il déborde ; quand on comprime une passion, elle déraille. Buffon avait une belette qui, privée de compagnie vivante, assaillait une femelle empaillée. On n'insistera pas sur ce sujet, par peur d'avoir à démontrer que les milieux so-

ciaux qui affichent une plus grande sévérité de
mœurs sont précisément ceux qui sont ravagés
ou par les perversions ou, ce qui est beaucoup
plus fréquent, par ce que les théologiens appellent doucement *mollities*. Il sera plus à propos
de rechercher d'où vient la férocité du moralisme
moderne contre l'amour, et d'abord, car elle
n'est le reflet du sentiment public, à quelle cause
on peut faire remonter l'origine de cet état d'esprit.

Pour les pères de l'Église, il n'y a pas de milieu entre la virginité et la débauche; et le mariage n'est qu'un *remedium amoris* accordé par
la bonté de Dieu à la turpitude humaine. Saint
Paul parle de l'amour avec le même mépris ma-
térialiste que Spinoza. Ces deux illustres Juifs
ont la même âme. « Amor est titillatio quædam
concomitante idea causæ externæ, » dit Spinoza. Saint Paul avait désigné d'avance le phi-
lactère à cette démangeaison, le mariage. Il ne
le concède que comme antidote au libertinage;
à la débauche, δια δε τας πορνειας, mot que le latin ecclésiastique *fornicatio* ne rend que d'une
façon équivoque. Πορνεια entraîne au contraire
l'idée de prostitution, et, en somme, son édifiant
conseil se traduisait en français vulgaire : ma-
riez-vous; cela vaut mieux que d'aller voir les

filles. Voilà sur quelle parole se serait fondée la
famille nouvelle si l'opulence verbale du catholicisme païen n'avait su entourer de phrases sensuelles la parole brutale de l'apôtre juif ; l'Église
substitua à l'idée de πορνεια la musique d'alcove
du Cantique des Cantiques. Cependant les moralistes mystiques commentèrent à l'envi saint Paul
dont ils réussirent à exagérer encore le mépris
pour les œuvres de vie. Le tisseur de tentes en poil
de chameau, et que rien ne préparait à la littérature et au sacerdoce, n'est pas toujours très précis. Qui n'a été choqué de la comparaison dont
il use pour flétrir les raffinements sexuels, les
appelant des pratiques *more bestiarum*, alors
que le propre de l'animal est précisément de ne
demander à la copulation que la satisfaction
rapide d'un désir inconscient. Les inversions de
l'instinct sont rares chez les animaux en liberté
et ce n'est que de nos jours qu'on les a obser-
vées (1). L'apôtre n'usait donc que d'un de ces
grossiers lieux communs qui n'ont même pas le
mérite de renfermer une vieille vérité d'observation. Que de fois cependant cette allusion fut-
elle répétée par ceux qui feignent de croire que
les inventions de l'homme dans la volupté sont

(1) Il y a un bien intéressant chapitre sur ce sujet dans l'ouvrage de M. Féré.

méprisables ! La franchise de saint Paul accrue
par le ton arrogant de ses commentateurs eut du
moins cet heureux résultat de faire condamner
dans leur ensemble, mais non dans leur détail,
les pratiques sexuelles. La règle des mystiques
est le tout ou rien ; ils dédaignent les distinctions
où devaient plus tard se complaire les casuistes,
en ces curieux traités où ils font preuve, à défaut de goût, d'une science de bon aloi et puisée,
quoique pas toujours, aux sources de la réalité.
De ce dédain il résulta une certaine liberté de
mœurs. Bien des amusements parurent permis
à tous ceux qui étaient restés dans le siècle ; la
littérature du moyen âge témoigne de cette aisance dans les relations sociales. Dès le xiie siècle, la religion n'est plus qu'une tradition formelle dont l'influence est nulle sur la sensibilité ;
et l'intelligence elle-même se dégage du lien théologique, comme on le saurait si on avait recueilli
avec plus de soin les aveux d'incrédulité qui ne
sont rares, ni chez les poètes, ni chez les philosophes scolastiques. L'amour ne s'embarrasse
d'aucun préjugé, il suit son désir, confiant dans
l'innocuité des rapports sexuels.

Ici on arrive à un point délicat qui n'a jamais
été traité et qu'il est d'ailleurs difficile d'aborder :
l'influence de la syphilis sur la morale de l'amour.

L'état de l'humanité en Europe depuis les temps fabuleux jusqu'aux premières années du XVIᵉ siècle correspond à ce qu'on appellerait, en termes d'allégorie, l'innocence du monde ; de Christophe Colomb se date l'ère du péché. Que l'on se figure une société où l'amour, en quelque condition de hasard qu'il s'accomplisse, n'a jamais de graves conséquences morbides ; où les baisers les plus profonds n'entraînent guère plus de dangers physiques que les caresses maternelles ou les manifestations de l'amitié ; elle différera de la nôtre à un tel point qu'il nous est difficile de la concevoir, car les désirs charnels y évoluent librement selon leur force naturelle, sans peur et sans pudeur. Le mot *pudor* n'a pas du tout le même sens en latin et dans nos langues modernes ; là, il se traduit par honneur, convenance, dignité ; ici, par crainte, tremblement devant les délices de la fleur peut-être empoisonnée. Avant la syphilis, le baiser sur la bouche est une salutation ; il disparaît devant la tare des muqueuses : les femmes présentent le front si la passion charnelle ne trouble pas leur volonté ; puis les deux sexes s'éloignent encore d'un pas : c'est le hochement de tête, ou la main qu'il faut à peine effleurer, ou des gants qui se touchent avec défiance. La syphilis a détruit, non

pas l'amour, qui est plus fort que la mort, puisqu'il est la vie, mais la fraternité sexuelle. Il y
a, depuis l'Amérique, entre l'homme et la femme
la peur de l'enfer ; ce que les religions les plus
menaçantes n'avaient réussi que temporairement
un virus l'a accompli : et les lèvres ont été dé-
sunies.

C'est par la syphilis que les historiens qui
voudront faire l'histoire de la morale de l'amour
la relieront à l'hygiène. Il dut se faire un grand
désarroi dans les mœurs :

> Obstupuit gens Europae ritusque sacrorum
> Contagemque alio non usquam tempore visam,

dit Fracastor, qui avait vu avec des yeux de médecin et de poète les premières horreurs du mal
nouveau. « Obstupuit gens ; » ce fut une épouvante universelle ; on se crut à la fin de l'amour
et à la fin du monde.

Il fallut pour conserver, non pas sa vertu,
mais sa santé, renoncer à ce que les moralistes
de la science appellent assez justement la promiscuité ; la peur d'un mal physique immédiat
et évident opéra entre les deux sexes une disjonc-
tion qui a survécu à la période aïguë du mal.
La réaction évangélique acheva l'œuvre de la
syphilis et les sociétés européennes se trouvèrent

dans des conditions si nouvelles qu'une nouvelle morale leur fut nécessaire. La vieille opposition entre la virginité et la turpitude, basée sur des conceptions purement théologiques, disparut; tout acte sexuel devenant dangereux et la virginité n'étant pas moins dangereuse, de son côté, par ses conséquences négatives, il fallut trouver un compromis. L'instinct social, d'accord, et d'avance, il est juste de le reconnaître, avec les conclusions futures des hygiénistes, plaça ce compromis dans le mariage, qui se trouva tout à coup honoré, après trois siècles de dérision. Cela n'apaisa pas le bouillonnement des mauvaises mœurs; mais le péril qu'on y courait déconsidéra la liberté qui en faisait l'attrait. La réserve des filles devint extrême; elles apprirent inconsciemment à changer en minauderies pudiques la mimique de la peur; peu à peu elles se dupèrent sur la cause de leur vertu, puis elles l'oublièrent, et vint un moment où la chasteté des femmes fut attribuée avec ingénuité ou à l'influence de la religion ou à une sorte de divinité occulte, à on ne sait quel raffinement sentimental.

Le motif initial de la nouvelle morale sexuelle agit toujours à notre insu. Il est de tradition administrative d'encourager les musées de figures de cire qui détaillent les conséquences de, la promiscuité; toute une littérature sur ce sujet se vend, approuvée par ceux-là mêmes qui poursuivent si âprement les images sensuelles. La syphilis a fait ce miracle qu'une figure humaine, belle de sa pleine nudité, est condamnée parce qu'elle excite à l'amour, l'amour étant considéré comme dangereux.

Cette manière de voir serait défendable si on ne faisait pas intervenir dans la question la force brutale des lois; si la parole seule se chargeait de persuader une morale que son utilité pourrait défendre contre le sarcasme et l'ironie. L'ancienne licence d'avant la syphilis ne sera pas rendue aux hommes d'ici de longs siècles, si le mal qui a créé la défiance sexuelle finit jamais par s'éteindre épuisé. Mais que chacun soit libre même de jouer avec le feu; la prudence se conseille et ne doit pas s'imposer.

De ce que la morale de l'amour a une origine moitié religieuse, moitié médicale, il ne s'en suit pas que l'on doive, pour en traiter, s'astreindre à des considérations ou théologiques ou pharmaceutiques. Des accidents, même d'importance extraordinaire, ne sont que des accidents. Il faut parler de l'amour comme si l'âge d'or de l'amour régnait encore et n'en retenir que l'essentiel, loin de s'arrêter aux phénomènes de sur-

face et passagers. Il y a peu d'absolu dans les
sociétés humaines ; presque tout s'y peut modifier, hormis précisément les relations des sexes.
C'est que, là, on rencontre le cœur même de la
vie, sa cause et sa fin, entrelacées comme un chiffre indéchiffrable. La vie se maintient par l'acte
même qui est but de la vie. Ceci est absurde pour
la raison, qui serait forcée d'y contempler un
effet identique à la cause qui la produit et aussi
puissant ; elle ne doit pas intervenir. Non
que cela soit au-dessus de ses forces ; mais si
elle peut imaginer des lois qui régissent les manifestations de l'amour et les appliquer pour un
temps, ces lois sont nécessairement moins bonnes que les lois naturelles. Il faut aussi prendre
garde que des lois naturelles l'homme n'est pas
responsable, dès qu'il leur obéit comme un petit
enfant ; mais celles qu'il promulgue retombent
un jour non seulement sur sa chair, mais sur
son intelligence. Car tout se tient et l'aisance
intellectuelle est certainement liée à la liberté des
sensations. Qui n'est pas à même de tout sentir
ne peut tout comprendre, et ne pas tout comprendre c'est ne comprendre rien. La littérature,
l'art, la philosophie, la science même et tous les
gestes humains où il y a de l'intelligence sont
dépendants de la sensibilité. Les fantaisies de

Lycurgue coûtèrent à Sparte son intelligence; les hommes y furent beaux comme des chevaux de course et les femmes y marchaient nues drapées de leur seule stupidité; l'Athènes des courtisanes et de la liberté de l'amour a donné au monde moderne sa conscience intellectuelle.

Juillet 1900.

VII

IRONIES ET PARADOXES

I

CONSEILS FAMILIERS A UN JEUNE ÉCRIVAIN

> « ... Quiconque raccourcit une route
> est un bienfaiteur du public et de
> chaque personne particulière qui a
> occasion de voyager par là. »
> JONATHAN SWIFT, *Lettre d'avis à
> un jeune poète* (1720).

La mauvaise humeur un peu âpre, je l'avoue,
de ma dernière lettre ne vous a pas découragé,
et, cette fois, vous me suppliez; les hochements
et les dénis, loin de rebuter vos desseins, les
avivent et les précisent; croyant avoir besoin de
moi, vous supportez tout de ma part; qu'ils
soient productifs, et des coups même ne vous
feraient pas peur; vous semblez prêt à adorer
la bouche qui, parmi les injures, laisserait couler, comme un miel parfumé, de fructueux conseils : — je l'avoue encore, un tel état d'esprit
m'a touché et séduit. J'ai senti sous le pic un
bon terrain. J'y mets la bêche, je vais semer.

Ouvre-toi, jeune terre, reçois la graine et sois féconde.

I

Ayant déjà fait quelques études préparatoires au noble métier d'écrivain français, vous n'ignorez pas sans doute que le monde dans lequel vous allez entrer est fort méprisé par ceux-là mêmes qui doivent y vivre et qui en font l'ornement. Vous avez entendu dire que ce monde n'est guère qu'une église de truands qui tient à la fois de la maison de prostitution, de l'étable à cochons et de la chambre de rhétorique ; cette opinion est très exagérée, vous ne tarderez pas à vous en apercevoir, et qu'avec un bon manteau, de solides bottes, d'imperméables gants et un chapeau « qui ne craint rien », ni la pluie, ni les avanies, ni la grêle, ni les mensonges, ni la neige, ni la saburre qui tombe des balcons, on y peut vivre tolérablement ; il y a des séjours plus dangereux ; pour un homme intelligent et pratique, il n'en est guère de plus recommandable et où le placement d'une pacotille soit plus rapide et plus rémunérateur.

II

De la pacotille, j'ai peu de chose à vous dire
en particulier. Pour se la procurer, il ne faut ni
argent, comme dans le commerce ; ni étude, ni
talent, comme il était d'usage dans les anciennes
sociétés littéraires ; à cette heure, vous n'avez
besoin que d'adresse : de l'adresse et encore de
l'adresse. Figurez-vous un noyer tout plein de
belles noix vertes et que le fermier soit occupé
loin de là à sarcler ses betteraves ou à battre son
blé : il vous suffit d'une gaule ou d'un bâton
court, ou même d'un caillou, pour faire pleuvoir
à vos pieds les belles noix vertes. Ensuite, il ne
s'agit que de les éplucher sans se salir les doigts ;
des gens prétendent que cela est fort difficile,
« qu'il en reste toujours quelque chose » : oui,
cela est difficile, mais si vos doigts restaient
tachés, vous en seriez quitte pour porter des
gants ; un autre motif m'a déjà fait vous recom-
mander cet usage.

Vous trouverez, disséminées dans les para-
graphes suivants, quelques autres notions touchant la pacotille, — laquelle, en somme, se
composera de tout ce que vous pourrez voler
subtilement aux riches et aux pauvres, aux ar-

15

bres et aux ronces; — car je ne suppose pas
que vous possédiez naturellement autre chose
qu'une intelligence pratique et rusée; en ce cas,
vous ne m'auriez pas demandé de conseils et
vous n'en auriez pas besoin.

III

Il faut mourir riche, dit-on. Cet aphorisme
est tout au plus digne d'un commerçant modeste.
Songez, mon ami, que vous allez entrer dans la
haute industrie et prenez une devise plus relevée
et plus digne de la corporation qui va s'ouvrir
à vous; je vous conseille celle-ci, qui, divisée en
deux parties, embrasse également le présent et
l'avenir : « Il faut vivre riche. Il faut mourir
gras. » Et cette devise, outre ses deux sens bien
clairs, bien humains, bien modernes, en ren-
ferme un troisième, ésotérique et merveilleux;
je ne veux que vous mettre sur la voie en ajou-
tant : la graisse est le commencement de la
gloire. Sans doute, vous n'irez pas jusqu'à la
gloire, quoi que puisse faire espérer l'exemple
de quelques-uns de nos contemporains qui débu-
tèrent comme vous, sans plus de génie, et avec
moins de bonne volonté, — mais, avec un sage

régime, vous pouvez prétendre à la graisse : cela
n'est pas à dédaigner, à une époque où tant de
pauvres braves gens meurent de faim.

Quant à l'argent immédiat qui vous est nécessaire en attendant le placement de votre pacotille, je ne vous conseillerais ni la Bourse, ni le
chantage où les risques sont trop grands et qui
demandent, pour être maniés fructueusement,
une expérience des hommes que vous ne pouvez
avoir à dix-sept ans, malgré votre précocité ; or,
et c'est là un principe dont je vous recommande
la méditation, mon cher ami, tout acte dont
l'accomplissement comporte, malgré ses avan-
tages, un risque sérieux touchant la santé, la
liberté ou la réputation, doit être tenu pour
immoral et rejeté hors des possibilités. Gardez
soigneusement cette parole dans votre cœur ;
elle peut vous éviter bien des ennuis et vous
sauver du naufrage auquel sont sujets même des
gens de votre sorte.

Mais vous n'êtes pas en peine ; vous êtes riche
comme tous vos jeunes camarades. Fils, comme
tout le monde, de parents mariés à la veille de
l'impuissance et de la sénilité, vous avez hérité
dès l'adolescence et votre tuteur vient de vous
rendre ses comptes. Il est bien évident que, hors
de ces circonstances heureuses, vous n'auriez

jamais songé à entrer en littérature ; l'état ridicule d'un écrivain réduit à gagner sa vie ne peut
plus séduire un homme bien né ; et même je ne
suis pas éloigné de croire que tous ces poètes
pauvres de jadis (histoire ou légende) ne se
trouvèrent que par incapacité intellectuelle dans
la nécessité de préférer la gloire au coffre et la
triste fréquentation des Muses à une solide ins-
tallation dans la vie. Ce qui me confirme dans
cette opinion, c'est que tous les jeunes gens que
j'ai vus débuter depuis cinq ou six ans ont, de
leur propre aveu, choisi la littérature comme on
choisit un commerce agréable et lucratif, et nullement par vocation : dénués, ils auraient évité
un état qui exige, pour être exercé avantageu-
sement, des capitaux. De ceux qui vivent sur le
Parnasse en solitaires ou en libres vagabonds,
je ne m'occupe pas ; vous n'êtes pas exposé à les
rencontrer dans le monde où vous devez évoluer ; c'est toute une littérature, l'Autre Littérature, dont il est malséant même de parler.

IV

Quelles doivent être vos lectures ? Sérieuses et
variées. Vous lirez tous les livres qui ont eu du

succès, principalement parmi les modernes, car
jadis le mérite et le succès se confondaient souvent; à cette heure, le premier de ces mots n'a
plus aucune signification précise : il est encore
quelquefois le synonyme de succès dans la bouche des libraires et des critiques, mais toujours
prononcé le second, lorsque la dépense en papier
a été assez considérable pour justifier une telle
hardiesse de pensée et d'appréciation. Lisez donc
d'abord les catalogues et marquez d'une croix
tous les ouvrages signalés par une mention flat-
teuse. Au-dessous du quarantième mille, un roman n'a qu'une fort médiocre valeur littéraire —
naturellement proportionnelle au chiffre inscrit;
— à quinze, on peut lire un volume de vers; à
dix, un traité de métaphysique; un pamphlet
littéraire qui ne dépasse pas vingt-cinq est à
peine digne d'être feuilleté. Il s'agit, bien entendu, de mille soudains et vertigineux, de vogues
immédiates, de livres « enlevés », pile, fièvre et
queue, car je ne vous crois pas homme à vous
accommoder de ces probes et lentes fortunes
qu'un demi-siècle n'épuise pas. Lisez, mais vite,
afin de lire beaucoup et d'engrosser rapidement
votre mémoire. Au bout déjà de quelques tomes,
vous aurez découvert le point commun, le faîte
de convergence de tous les livres à succès de notre

époque : cette conquête assurée, fermez vos
tomes et mettez-vous au travail; vous avez le
diamant, il ne reste plus qu'à le sertir à la dernière mode. Ce point commun, je ne l'ai pas
cherché, et l'aurais-je trouvé par hasard que je
resterais muet; il faut que vous entrepreniez
vous-même cette chasse dont le résultat vous
enrichira non seulement d'un mot de passe,
mais aussi d'une méthode.

V

Vos doutes sur le style vous font le plus grand
honneur. Non, il ne faut pas « écrire ». Des
jeunes gens fort bien doués se sont fermé toutes les portes, ont gâché, par la puérile vanité du
style, le plus bel avenir littéraire. Sans doute,
l'art d'écrire est, aujourd'hui, assez répandu
(pas tant qu'on le croit), mais l'art de ne pas
écrire l'est bien davantage, quoique personne
n'en ait encore formulé les principes; c'est la
tendance actuelle et demain ce sera la loi de tous
les gens de goût. Le joli traité à rédiger sous ce
titre : « Du Style ou de l'Art de ne pas écrire ! »
En voici la première règle : « N'employez jamais
une image qui ne soit journellement d'usage dans

le langage familier. » Toutes les autres règles
découlent de celle-là ; bien observée, elle suffit
à préserver de « l'écriture » un homme de bon
sens et de bonne grâce.

Mais si l'on veut jouir d'une réputation intacte
et de l'estime totale il est nécessaire d'arriver
du premier coup à la non-écriture. Quelques
premiers livres écrits, quelques pages même,
déterrées par un ennemi littéraire, pourraient,
après des vingt ans de labeur et de succès, compromettre tout d'un coup votre popularité. J'ai
vu la vente d'un roman sans aucun style coupée
net par un article où un journaliste affirmait :
«... livre très beau et d'une « écriture » neuve et
hardie...» Rien n'était plus faux, mais ce romancier avait publié dans sa jeunesse un premier
livre qui autorisait jusqu'à un certain point de
telles plaisanteries. Que votre livre de début soit
donc bien franchement un livre sans style ; qu'en
ses pages fraîches on cueille aisément, ainsi que
dans un pré, toutes les fleurs communes ; que
toutes vos descriptions aient cet air de déjà-vu
qui ravit le public en lui faisant croire qu'il a lu
tous les livres et qu'on ne saurait plus rien inventer. Un roman où tout, jusqu'aux noms des
personnages, jusqu'à la nuance des tentures,
jusqu'à la forme des fauteuils, où tout, dialo-

gues, paysages, gestes, sourires, cheveux, accidents, scènes d'amour, jalousies, souliers, jupes
et consciences, où tout, dis-je, donnerait la
sensation de retrouver un chien perdu ou une
amante égarée ! Qui nous fera ce roman-là ?
Plusieurs écrivains célèbres se vantent, dit-on,
d'un tel chef-d'œuvre ; j'avoue qu'ils en appro-
chèrent, mais pas au point que je les admire sans
réserve ; il leur manque d'avoir évité la vulgarité. Car vous comprenez sans doute que si je
bannis le style, j'exige la distinction ; et davantage encore, je veux que ce livre sans écriture,
sans idées, mais distingué, ait « un air de littérature » qui séduise les plus difficiles et les plus
délicats.

VI

En vous interdisant les idées, il est bien évident que je ne pense qu'aux idées originales ou
assez renouvelées pour paraître nouvelles. Les
idées, c'est ce que je vous ai déjà allégué sous
le nom de pacotille ; vous n'en avez pas; le
temps vous manque pour réfléchir, et d'ailleurs
les idées naissent spontanément de germes
propagés dans l'air et qui se posent sur le

terrain qui leur plaît et là poussent et se développent et fleurissent naïvement, heureuses d'avoir fleuri. Donc, ne gaspillez pas les heures précieuses à interroger votre crâne vide, à remuer l'inutile sable où le vent n'a déposé que des graines aussitôt sèches et mortes ; il vous faut des idées, pourtant : eh bien, soyez brave, volez ! Les écrivains que vous dépouillerez le plus fructueusement, ce sont vos prédécesseurs immédiats. A peine à mi-chemin de la montée, les bras occupés de pioches et de haches, tout au labeur, ils n'auront ni le temps ni le souci, peut-être, de se défendre ; les voix ne sont bien entendues que du sommet ; s'ils crient leurs cris mourront dans les broussailles : vous pouvez donc opérer avec une heureuse sécurité.

Un autre motif de choisir vos aînés les plus proches, c'est que leurs idées déjà un peu connues seront mieux accueillies du public, qui n'y verra pas l'injure d'imaginations trop neuves et trop fraîches ; elles peuvent, par un coup de succès, se répandre d'un jour à l'autre ; c'est de la besogne à moitié faite, profitez-en sans scrupule, car il faut arriver, et celui qui arrive le premier peut se mettre à table pendant que les autres peinent dans la nuit, sous la pluie. Je vous recommanderai même, quand vous serez entré dans l'hôtellerie, de fermer la porte à double tour; si l'on frappe, si l'on appelle, suggérez que cela pourrait bien être cette troupe de voleurs que vous avez rencontrée en route ; et si l'on insiste, n'hésitez pas à armer toute la maison et à tirer par les fenêtres.

Ainsi arrivé du premier coup où d'autres, qui valent mieux que vous, n'arriveront que plus tard ou peut-être jamais, vous prendrez une importance vraiment théâtrale; vous aurez l'air de résumer honnêtement les talents divers que vous aurez dérobés avec adresse et décision, et les vieux pensionnaires de l'hôtellerie vous fêteront comme un miracle. Tous sans doute ne seront pas dupes, mais il suffit que ceux-là le soient qui, les jours de migraine, ont besoin d'un sujet d'article facile et à la portée du peuple. Songez toujours à cela ; soyez, au moins deux ou trois fois dans votre vie, un sujet d'article : le moins qui puisse vous échoir, c'est une productive célébrité.

VII

Mais il faut prévoir le cas où la crainte de manquer de jarret vous arrêterait au bas de la montée : alors vous choisiriez un maître qui, ayant compris vos signes, viendrait vous chercher, vous prendrait par la main, vous ferait gravir sans fatigue la pente abrupte. C'est la méthode la plus sûre et celle que je vous recommande, sachant que vous préférez toujours la finesse à la force, et à la violence la ruse.

Les vieux maîtres les plus hirsutes et les plus moroses se laissent prendre à la pipée avec une facilité dont on n'a pas d'exemple dans un âge plus tendre. Comme ils ont beaucoup d'ennemis (il suffit de vivre pour être haï), ils acceptent de tous côtés les secours d'une sympathie même hautaine, et ils sont souvent reconnaissants, car à leur âge ils ne craignent plus rien, et un bon sentiment peut, sans péril, leur faire honneur. Prenez donc un de ces vieillards roulés dans la poussière et dans les crachats, et protégez-le hardiment. Prononcez son panégyrique dans une de ces petites revues où votre copie encore humble est bénie entre toutes les pages, et n'hésitez pas à « remettre à sa place, qui est la première, ce grand écrivain, victime des rancunes de toute une génération ». Si vous l'avez élu parmi les plus méprisés et les plus dégradés, le résultat de votre petit travail sera très heureux et très profitable. Dès votre première jeunesse

vous partagerez une gloire, sans doute équivoque, mais lucrative et en somme honorable, si
on s'en rapporte à l'opinion publique. Cependant, comme de telles accointances, le profit
bien réalisé, peuvent à la longue devenir dange-
reuses, comme ce vieil homme de lettres peut, du
jour au lendemain, se trouver fort déprécié au
jugement de la foule, votre maîtresse, soit par
de tristes histoires de mœurs, soit par des lâche-
tés trop malpropres, soit même par la stupide
complaisance qu'il aura montrée à votre égard,
soyez toujours prêt à couper la corde, le jour où
votre intérêt l'exigerait impérieusement. Alors
vous parlerez, « la mort dans l'âme, » mais avec
véhémence, et vous verserez sur le vieil hypocrite ce qu'il faut d'injures pour vous laver vous-
même d'une intimité trop connue. Tout ce qu'il
faut, mais sans excès ; et vous saurez garder
dans cette exécution la dignité d'un jeune ami à
la fois respectueux et affligé. Ainsi vous aurez
montré à la fois l'indépendance de votre jugement et la tendresse de votre cœur.

VIII

Répandez sur tous vos camarades, tous vos

confrères, tous les hommes de lettres en général, les calomnies les plus turpides et les anecdotes les plus honteuses. Tâchez de les atteindre dans leurs œuvres, dans leur famille, dans leur santé ; insinuez le plagiat, le bagne, la syphilis ; vous passerez pour un homme bien renseigné, spirituel, un peu mauvaise langue, et votre compagnie sera recherchée par les journalistes, — ce qui est toujours bon, car la célébrité, comme le tonnerre, est faite de petit échos multipliés qui ricochent et redondent les uns sur les autres.

Mais, et voici ce qui donne à ce conseil, assez banal, une véritable valeur : soit que vous parliez à ces mêmes confrères que vous avez si ingénieusement salis par d'adroites paroles, soit que vous leur écriviez, changez de ton, faites volter votre cheval tête en queue, virez lof pour lof, et donnez le change avec tant de candeur que votre mauvaise foi ne puisse être un instant soupçonnée. Cela est important. Le poète qui tiendra, signée de votre main, une lettre où, vaincu par l'évidence, vous confessez son doux génie, refusera toujours de croire aux vilains propos que ses amis vous attribuent ; s'ils insistent, il les tiendra pour des menteurs et des envieux, se brouillera avec eux peut-être, et vaus aurez toute liberté pour achever un travail

16

souterrain si utile à vos intérêts. Il n'y a pas
très longtemps, un écrivain qu'un vieux maître
venait de dépecer devant moi avec une dextérité
vraiment répugnante me déclama avec exulta-
tion une lettre où cet habile écorcheur lui cares-
sait l'épiderme avec les plumes de paon les plus
subtiles et les plus riantes. Cette aventure me fit
réfléchir.

Quand vous remerciez de l'envoi d'un livre,
que votre réponse soit mesurée non à l'intérêt
du livre, mais à l'importance de l'auteur. En
principe, le livre que vous venez de recevoir
doit toujours être le meilleur de tous ceux de la
même main, et l'auteur toujours en progrès sur
son œuvre : ceci admis, variez et dosez les com-
pliments selon l'âge, la réputation, l'influence ;
vous prendrez votre revanche en causant librement avec vos amis, et le plaisir que vous éprou-
verez à émietter une œuvre sera d'autant plus
grand que cette œuvre aura plus de mérites : large
et résistante, elle donne mieux prise aux coups
de talon, et on peut danser dessus pendant
des nuits entières.

Ne faites jamais de critique littéraire, hormis
le cas très particulier exposé dans mon septième
paragraphe. Rien n'est plus dangereux que de
faire imprimer ses opinions ; on est le maître de

celles que l'on garde sous clef, dans sa tête; on
est l'esclave de celles auxquelles on a ouvert la
porte. Si par hasard, ce que je ne crois pas, vous
teniez à vous mêler à quelque grand débat littéraire, usez de voie détournée et prenez pour
prétexte la peinture; les peintres peuvent supporter les critiques les plus absurdes, car ils ne
répondent pas et il est facile, en visant un ar-
tiste, de blesser grièvement un littérateur qui
avoue les mêmes principes que lui. Ce jeu a
réussi, mais il est dangereux. Je ne vous con-
seillerai pas davantage d'obéir sans mûre réflexion à l'insinuation de Jonathan Swift: «... Que
votre premier essai soit un coup d'éclat dans le
genre du libelle, du pamphlet ou de la satire.
Jetez-moi bas une vingtaine de réputations et la
vôtre grandira infailliblement... » Sans doute,
si le coup est vraiment un « coup d'éclat », mais
qui oserait en répondre ? Démolir vingt réputations, surtout si elles ont été conquises brave-
ment et loyalement, c'est là pour un jeune écrivain un bonheur trop rare pour qu'une telle tentative ne comporte pas des risques graves, et
vous savez que je suis inflexible sur la question
des risques. On acquiert bien des amis par vingt
déboulonnements exécutés avec soin, mais que
de haines ! Et si le bronze résiste, si sa chute

n'est pas immédiate et foudroyante, il peut s'a-
nimer et vous faire de ses mains froides un terrible collier de métal. A mon avis, les plus
beaux coups en ce genre seront toujours malheureux, surtout à une époque où l'opinion est,
si divisée, où il est si facile de se faire condot-
tière, de recruter un parti et une armée. Comme
je vous l'ai dit, attaquez plutôt par des paroles,
que vous pouvez toujours renier.

La seconde partie du conseil de Swift me semble
au contraire très recommandable et franchement
je l'approuve de prohiber la louange. Cela est
mauvais : ceux que vous louez de votre mieux, en
illuminant les parties belles, en ménageant les
ombres, se trouvent toujours estimés au-dessous
de leur valeur, et quand même vous eussiez monté
le ton du panégyrique jusqu'à l'hyperbole et jusqu'au ridicule, ils ne vous pardonneront jamais,
à moins d'avoir la candeur du génie où la fraîcheur des âmes généreuses, le signe d'amitié que
vous faites à leurs voisins ; quant à ceux que vous
auriez tus, ils vous rendraient silence pour silence, et votre entreprise ne serait nullement
profitable.

IX

Quelles que soient votre force, vos armes et votre insolence, vous aurez besoin de faire partie d'un cénacle ou d'une coterie, comme on a besoin d'un cercle ou d'un café. En cette occurrence, agissez comme les députés qui n'ont d'autre opinion que leur ambition, faites-vous inscrire à tous les groupes, mais fréquentez d'abord le plus redoutable, celui des Arrivistes. Ayant ainsi des relations contradictoires, vous connaîtrez de petits secrets qui ne vous seront pas inutiles pour vous pousser dans le sens de votre véritable intérêt, qui est de capter la confiance des belligérants afin de les mieux trahir, le moment venu. Sachez seulement que les Arrivistes sont fort soupçonneux et fort méchants : je les ai vus, pareils aux loups de Sibérie, manger résolument l'un de leurs amis tombé dans la neige : ils ont un bon appétit et de belles dents. A la moindre imprudence, ils se jetteront sur vous et vous dévoreront en commençant par les parties molles, mais tout y passera jusqu'aux os et jusqu'aux excréments, et on les admirera sur le boulevard, fiers de leurs lèvres encore sanglantes. C'est à

vous de demeurer solide sur vos jambes, la main
sur votre épée et le visage plat comme une mer
hypocrite. Si quelqu'un des vôtres prenait une
attitude arrogante, ou seulement si, quand vous
passez, le public le regardait avec trop de complaisance, n'hésitez pas à le faire tomber adroitement le nez sur le pavé et à prendre aussitôt
la tête du troupeau, pendant que les autres
s'arrêteront à le frapper et à le mordre : dans la
vie, il faut savoir sacrifier un plaisir immédiat à
la réalisation future d'un plus grand bien.

X

Vous aurez à prendre une attitude touchant
les choses de l'amour. Si vos goûts vous portent
vers les femmes, ne faites pas étalage d'une
inclination trop commune pour qu'elle puisse
jamais attirer sur vous l'attention du monde.
Apprenez le langage secret et les gestes maçon-
niques des invertis, efforcez-vous d'acquérir
(cela est difficile) cette incroyable voix molle et
blanche par quoi un de ces êtres se reconnaît
infailliblement dans les concerts humains : cela
vous sera utile, car, outre que ces gens forment
une secte très unie et assez puissante, la singu-

larité d'un tel cynisme doublera votre réputation, si vous en avez déjà, et, si vous êtes encore inconnu, suffira à vous mettre en bon rang parmi les curiosités littéraires.

Dans le cas où vous auriez vraiment ce goût à la mode, je vous conseillerais au contraire une certaine réserve. Un homme soupçonné de mauvaises mœurs est incontestablement plus estimé qu'un homme convaincu de mauvaises mœurs; la possibilité d'actes très malpropres excite l'imagination d'une quantité de personnes retenues seulement par la prudence ou par la lâcheté; mais, s'il est avéré que les actes ont été perpétrés, les désirs reculent devant une certitude trop brutale. Je crois que tel est le mécanisme de ce singulier revirement, et je vous engage à la prudence. D'ailleurs, il est toujours bon de feindre: ainsi on ménage sa propre nature et on se réserve, en cas d'accident, la suprème ressource de la sincérité.

XI

Soyez sans pitié, mais n'en laissez rien paraître. Un louis donné à propos vous fera passer pour un bon camarade, pour un homme dont il y a profit à être l'ami. Naturellement, en cas de bataille, tous vos obligés passeront à l'ennemi, mais vous en serez quitte pour une dépense modérée, si vous avez besoin de les ramener, car ces gens-là se contentent de peu. Soyez généreux avec les ivrognes : l'homme retrouve quelquefois au fond de son verre, comme une peau de raisin, un lambeau de conscience ; en cet état, sa reconnaissance se traduira peut-être par un de ces mots heureux qui ne nuisent pas aux réputations littéraires.

Souscrivez à toutes les œuvres de charité qui présentent une chance de réclame, aux livres de vos confrères pauvres, aux statues de poètes défunts, mais ayez soin, chaque fois que vous pourrez le faire avec décence, de refuser la quittance de recouvrement ; en beaucoup de circonstances, car il y a peu d'ordre en ces sortes d'entreprises, cela passera inaperçu ; dans les autres cas, mettez la faute sur le compte de la poste. J'ai connu un jeune écrivain riche et économe qui, par ce moyen, tout en gardant les apparences, s'épargnait tous les ans plus de cent cinquante francs, avec lesquels il achetait une bague à sa maîtresse.

XII

N'adoptez pas un costume particulier, et si vous laissez reproduire vôtre portrait, que cela soit d'après un dessin très beau, mais très inexact : il y a dans la vie bien des circonstances où il est agréable de ne pas être reconnu par les imbéciles. Vous aurez encore le plaisir de tromper le public et de duper les physionomistes.

Pas plus que de costume distinct, vous n'avez besoin d'une religion définie. Sur ce point, comme généralement sur tous les autres, à moins que votre intérêt ne vous oblige à choisir, ayez l'opinion moyenne, l'opinion de tout le monde. Si vous étiez Juif, je vous conseillerais de fréquenter les chrétiens et de mépriser votre race, de feindre une conversion imminente afin de profiter des avances et des craintes des deux partis ; aryen, je vous engage au silence et même à l'ignorance : d'ailleurs, rien n'est plus malséant, dans le monde littéraire, que d'avouer une conviction religieuse ou métaphysique ; instruisez-vous plutôt de la question des tirages et des passes, devenez une autorité en cette matière, qui est comme la pierre de touche du véritable écrivain.

16.

La politique vous sera un peu moins indifférente. Soyez socialiste, sans hésitation. C'est aujourd'hui le seul parti qui puisse, sans ironie, promettre à un jeune homme, pour ses vieux jours, un siège de sénateur.

XIII

Ne commettez jamais d'indélicatesse sans être absolument sûr de l'impunité. Si un inconnu vous confie pour le lire un manuscrit où rôde quelque idée, prenez-la en note, mais ne vous en servez que le jour où vous serez assez fort pour braver toute réclamation. Ce système est utile quand il s'agit d'une pièce de théâtre qui souvent ne repose que sur un mot ou une situation qui feront tout aussi bon effet avec n'importe quel dialogue.

Quand vous démarquerez un confrère, citez son nom, en passant; ainsi, il ne peut se plaindre et le public croit que tout l'article est de vous, moins une phrase, choisie exprès parmi les plus insignifiantes.

N'usez pas de la lettre anonyme; mais gardez soigneusement celles qu'on vous adressera; les écritures sont souvent mal déguisées, un hasard peut vous en faire découvrir l'auteur. Collectionnez de même tous les petits papiers par quoi on

peut compromettre quelqu'un et le tenir à sa dis-
crétion. Plusieurs journalistes ne doivent qu'à
cette persévérance la situation, inexplicable au-
trement, qu'ils tiennent dans la presse.

Des gens hardis recommandent cette ruse : se
faire introduire comme secrétaire chez un homme influent, et là, tout en acceptant les ordinaires obédiences : promener les enfants, sortir le
chien à l'heure de son besoin, allumer le feu,
aller reporter les parapluies empruntés, et plusieurs autres besognes qui préparent merveilleusement à la vie littéraire ; là, s'offrir, un jour
que le maître est malade, à rédiger son article,
peu à peu en prendre tout à fait l'habitude, et un
jour aller dire la vérité au directeur du journal.
J'ai vu tenter l'aventure, qui ne réussit pas, car
c'est le nom et non l'œuvre qui a de la valeur
pour un journal et pour le public.

Voilà, mon cher ami, les premiers conseils que
je vous donne, ou plutôt les idées que je sou-
mets aux méditations de votre esprit précoce.
Jeune, ambitieux, intelligent, riche, sans préjugés ni scrupules, vous avez tout ce qu'il faut
pour arriver, mais j'espère que cette petite collection de principes ne sera pas la moindre de
vos armes.

Septembre 1896.

II

DERNIÈRE CONSÉQUENCE DE L'IDÉALISME

Quid videat nescit ; sed quod videt, uritur illo.
Ovide, *Métam.*, III, 43o.

INTRODUCTION

Ayant eu, ces derniers temps, quelques doutes sur la valeur, non point philosophique, mais morale et sociale, de l'idéalisme, je ne pus, malgré des méditations assidues, triompher de mes hésitations par la méthode de la logique directe. Et bien au contraire ; poussée à son extrême, la théorie idéaliste aboutissait, en mes déductions, pratiquement, au néronisme ou au fakirisme, selon qu'elle évolue en des intelligences actives ou en des intelligences passives ; socialement (comme je l'ai noté antérieurement) (1), au despotisme ou à l'anarchie (2).

(1) V. *L'Idéalisme*, pp. 16-17.
(2) On saura ce que pourrait être le fakirisme-anarchie en lisant

Or, sans être pourtant le disciple de la prudence philosophique qui, arrivée au croisement
de deux routes, s'assied et se demande : vers
quel point cardinal reprendrai-je ma promenade,
quand je me serai bien reposée? je me suis assis,
comme elle, au croisement des deux routes, et,
ayant réfléchi, je résolus de ne suivre aucune
des routes frayées, et de m'en aller à travers
champs.

En somme, tout en ne répugnant ni à l'une,
ni à l'autre des deux conséquences que j'ai dites,
— car elles pouvaient être nécessaires et inéluctables — j'ai songé que peut-être elles n'étaient
ni nécessaires, ni inéluctables, soit en métaphysique, soit en politique, soit relativement à notre
conduite privée dans la vie, lorsque, mus par
l'absurde besoin de logique qui nous tyrannise,
nous souhaitons de mettre notre vie d'accord
avec nos principes.

(Il serait si simple de mettre nos principes
d'accord avec notre vie.)

On trouvera peut-être, malgré mes affirmations, que je me contredis ; mais les jugements,
quoique j'aie besoin, autant que nul autre, de
la sympathie humaine, me troublent peu. D'ail-

un singulier conte de M. Marcel Schwob, *l'Ile de la liberté*
(*Echo de Paris*, juillet 1892).

leurs, aller tout droit, comme une balle (tout
droit, ou selon la trajectoire prévue), dans la
droite voie de la logique, est plutôt le fait des
esprits simples, — je ne dirai pas médiocres, ce
qui serait bien différent. Aucun des grands philosophes allemands (1) n'a été purement logique :
ni Kant, bifurquant vers la raison pratique, ni
Fichte, prônant le patriotisme (2), ni Schopenhauer dont le pessimisme s'abreuve d'illusoires
antidotes ; et Jésus, lui-même, parlant comme
Dieu, s'est contredit sciemment, puisque, après
le « Mon royaume n'est pas de ce monde », il
profère le « Rendez à César... ». Logiquement, il
devrait dire : « J'ignore tout, hormis mon royaume, qui n'est pas de ce monde, et César comme
le reste. » Mais en prononçant cette négation :
« pas de ce monde, » il affirmait « ce monde », et
il dut songer aux relations qu'avec « ce monde »
devaient nécessairement avoir ses disciples, les
hommes de bonne volonté.

Revenons à la pathologie de l'idéalisme.

Négligeant provisoirement les conséquences
sociales d'une doctrine qui, d'ailleurs, est impo-
pulaire, je ne veux alléguer qu'un néronisme de

(1) Ni des Français. Malebranche, étant oratorien, se croyait
chrétien et ne l'était que de cœur. Sa philosophie mène au fakirisme.
(2) *Discours à la nation allemande*.

dilettante et qu'un fakirisme de bonne compagnie ; et même, pour simplifier l'enquête, laissons
encore de côté le pseudo-fakirisme. Il nous suffira d'avoir à faire la critique du néronisme mental, plus clairement appelé le narcissisme.

Narcisse,

Quid videat nescit; sed quod videt, uritur illo,

et, ne connaissant que soi, il s'ignore lui-même :
Ovide, sans le savoir, a mis bien de la philosophie dans les quinze syllabes de son vers élégant (1).

Mais il faut reprendre les choses de plus haut
et redire, hélas! afin d'être clair, des choses
mille fois déjà redites. C'est une éternelle nécessité : les hommes sont si crédules à la négation
que la vérité leur semble un conte de fées, et que
tous vivent, les réprouvés dans l'obscure forêt de

---

(1) **Les symboles**, souvent, demeurent clos pendant des siècles ;
ils sont la fontaine scellée ou le *hortus conclusus*. On passe devant la source dormante sans même désirer y boire une gorgée
d'eau pure ; et devant le jardin muré, sans l'envie de franchir
le mur et de cueillir même une toute petite rose au mystérieux
rosier. (Un conte, qui détient bien d'autres secrets, la *Belle et la
Bête*, m'a fait comprendre cela et je l'expliquerai un jour, avec
plusieurs choses, si j'en suis capable.) En un temps où il n'était
pas à la mode d'aller boire à la fontaine de Narcisse, l'abbé Banier
disait, en commentant Ovide : « L'histoire de Narcisse, si bien
écrite par notre poète, est un de ces faits singuliers qui ne nous
apprennent rien d'important. »

l'indifférence, les privilégiés dans l'obscure forêt
du doute :

> Nel mezzo del camino di nostra vita
> Mi ritrovai in una selva oscura
> Che la diritta via era smarrita (1).   .

CHAPITRE PREMIER

HOMUNCULUS - HYPOTHÈSE

Il est bien entendu que le monde n'est pour
moi qu'une représentation mentale, une hypothèse que je pose (2), nécessairement (3), quand
la sensation éveille ma conscience : l'objet n'est
perçu par moi que comme partie de moi ; je ne
puis concevoir son existence en soi : il n'a de
valeur pour moi que s'il vient graviter autour de
l'aimant qu'est ma pensée ; je ne lui accorde
qu'une vie objective, précaire et limitée par mes
besoins d'hypothèse (4).

(1) Dante, *Inf.*, I, 1-3.
(2) Fichte, *Théorie de la Science*,
(3) Cette nécessité n'est pas absolue. En tel état physiologique
ou psychique, la douleur n'est pas perçue ; dans le sommeil,
l'extase, etc., le monde extérieur est nié. Secondement, cette hypothèse peut être créée *a priori* : fausses sensations ou hallucinations. Le « nécessairement » est cependant la condition de toute
vie de relation ; il est supposable jusqu'à preuve du contraire.
(4) La perception est toujours *critique*, en ce sens qu'elle est
relative non seulement à mes facultés perceptives absolues, mais

Ceci admis, et constatée d'abord (malgré la contradiction des termes) la subjectivité de l'objet, je songe à pousser plus loin l'analyse.

Laissant le moi qui m'est connu (au moins par définition), je veux, pour m'instruire et savoir comment et par quoi je suis limité, étudier l'objet c'est-à-dire l'hypothèse du monde extérieur; l'objet se mêle à moi, mais à la manière de l'eau qui entre dans le vin, en le modifiant, et une telle modification ou même moins négative, ou même positive, ne peut me laisser indifférent.

Je suis donc limité, ou modifié, — et j'admets encore *à priori* cette limitation, sans toutefois préjuger si elle m'est imposée ou si je me l'impose moi-même par une loi de mon organisme psychique; j'admets l'objet ou monde extérieur; j'admets que, inexistant et projeté hors de moi par moi, il soit néanmoins la cause hypothétique de ma conscience, — bien que lui-même causé par ma conscience; j'admets cela, car Homunculus, créé dans ma cornue, surgit et me tient tête; — et il parle !

aussi à mes *desiderata* actuels : elle est influencée par le désir, par la crainte ; elle est modifiée par mes tendances actives ou même virtuelles : je ne perçois pas un tableau de Botticelli aujourd'hui comme il y a dix ans, et je commence sans doute aujourd'hui, à le percevoir comme je le percevrai dans dix ans. Les goûts changent, et d'un jour à l'autre ; appliquée à l'amour, cette insinuation paraîtra très claire.

En effet, en décomposant l'objet, selon le plan de mon analyse, j'ai trouvé qu'il se différencie selon deux modes, deux illusions, mais que différentes ! l'objet qui ne me résiste pas et l'objet qui me résiste, l'objet esclave et l'objet contradictoire, l'objet signe et l'objet pensée : — l'homme, l'homme effrayant, l'homme qui m'épouvante, parce qu'il me ressemble.

Je me connais et je m'affirme ; je suis, car je me pense, et le monde extérieur où je rencontre ce frère n'est autre chose, je le sais, que ma pensée même hypothétiquement extériorisée. Mais si ce frère gravite autour de mon aimant, particule de mon désir, moi aussi, particule de *son* désir, je gravite autour de *son* aimant; le monde dont il fait partie n'existe qu'en moi ; mais le monde dont je fais partie n'existe qu'en lui, — et, relativement à sa pensée, je dépends de sa pensée : il me crée et il m'annihile, il me conçoit et il me nie, il m'écrit et il m'efface, il m'illumine et il m'enténèbre.

Je suis lui : Homunculus-Hypothèse grandit et m'écrase, car s'il n'est rien que ma pensée, quand je le pense, — il est tout quand il se pense lui-même, et je n'existe plus qu'avec son consentement.

Me voilà donc limité par mon hypothèse, c'est-

à-dire par moi-même, et je reconnais, cette fois
indubitablement, que je ne puis pas ne pas me
limiter, car, dès que je pense, je pose l'hypothèse
de la pensée. Me voilà donc limité par ma propre pensée, et plus je pense plus je me limite,
plus je crée d'obstacles au développement de
mon primordial absolutisme; devenue pareille
à l'œil à facettes d'une mouche, ma pensée multiplie les ennemis de son unité et j'ai devant moi
la formidable armée des Autres. Mais que l'ennemi soit un ou multiple, il gêne également ma
liberté, et, m'ayant forcé à le concevoir, il me
force à « entrer en pourparleis » avec lui.

A condition qu'il ne me nie pas, j'admettrai,
autant que je puis le faire, autant que me le permet ma nature, son existence hypothétique, —
et nécessairement, s'il me rend la pareille. Ce
n'est, après tout, qu'un échange de bons procédés et de réciproques concessions. Au lieu de
la guerre, je propose la paix; je laisse la vie à
celui qui me la laisse, — et à celui qui m'a retiré
de l'abîme et qui en m'en retirant y est tombé lui-
même, je jette à mon tour la corde du salut.
Nouveaux Dioscures, nous vivrons chacun notre
jour, nos nuits ne seront que de périodiques instants et nous y jouirons des magnifiques alter-
natives de la lumière et de l'ombre :

...Fratrem Pollux alterna morte redemit (1). »

Et voici comment raisonne Pollux :

« L'arbre n'existe que parce que je le pense ; pour la pensée hypothétique que je pressens et que je veux bien admettre, douloureusement, au-delà de mon domaine, je suis une sorte d'arbre et je n'existe qu'autant que cette pensée me pense... »

Il se reprend :

« Pourtant, je suis, — et absolument (2) ! »

Il réfléchit et continue :

« Oui, mais Homunculus ne dit pas autre chose de lui-même ; il dit, lui aussi : Je suis, — et absolument. Or, si j'admets mon affirmation, je dois admettre la sienne, mais deux absolus sont contradictoires ; ils se nient en s'affirmant ; ils s'affirment en se niant.

» Pour être pensé, il faut donc que je me nie moi-même, — mais je retrouverai dans l'autre pensée l'image de ma propre négation renversée et redevenue positive : je vis et je suis en celui qui me pense. »

Voilà pourquoi Pollux partagea son immortalité avec son frère mortel.

(1) Virg., Æn., VI, 121.
(2) Dans le sens de Fichte, que le moi est virtuellement toute réalité, — toujours jusqu'à preuve du contraire.

CHAPITRE DEUXIÈME

VIE DE RELATION

La métaphysique pose des axiomes, l'expérience les vérifie; si elle n'en a pas le droit, elle le prend.

L'Intelligence absolue pense dans la solitude absolue de l'Infini, et sa pensée œuvre la tapisserie que nous sommes — à l'envers — : hommes, bêtes, plantes, pierres. Elle a son moteur en soi; elle part d'un point du cercle pour revenir au même point du cercle, et ce simple mouvement, toujours le même, est infiniment fécond.

Pour l'intelligence limitée, les conditions de la pensée sont toutes différentes; elle a besoin de l'excitation du choc extérieur. Réduite à soi, c'est le prisonnier au secret. Dans ce cas, la pensée se résorbe et, ne vivant plus qu'autosubstantiellement, se dévore elle-même et se résout en la non-pensée (1). La pensée d'autrui est le

(1) Telle est la signification symbolique de l'histoire d'Hugolin. Prisonnier, séparé de la source de l'activité mentale, il dévore ses enfants, — c'est-à-dire qu'il se dévore lui-même. qu'il dévore ses propres pensées. Pour cela, il est châtié éternellement, car il a voulu nier, par orgueil, les conditions même, de la vie de relation, telles qu'elles nous sont imposées; il avait obéi aux propres suggestions de ses enfants, de ses pensées, de

miroir même de Narcisse, et sans lequel il serait
ignoré éternellement. Il s'aime, parce qu'il s'est
vu; on se voit dans un miroir, dans des yeux,
dans le lac de la pensée extérieure. Tel Narcisse
intellectuel, contenté par un auditoire composé
d'une femme qui fait semblant d'écouter, s'é-
pandrait moins s'il n'avait pour confidents que les
arbres de la forêt, ou Mnémosyme, plâtre pourtant indulgent. Mais, à défaut de l'objet-pensée,
Narcisse s'amuse encore à interpeller la patience
muette des rochers et la bruissante sympathie des
arbres; il écoute, il a créé Echo. Echo est la pensée
en laquelle il peut vivre : il la nie et il meurt (1).

Le Narcisse raisonnable et logique ne s'inquié-

---

son égoïsme, et l'égoïsme eut plus de puissance que l'amour,
— « et la faim eut plus de puissance que la douleur.

> Poscia, più che'l dolor poté 'l digiuno
>
> DANTE, Inf., XXXIII, 75.

(1) Et devenu fleur, si nous attendons jusque-là, — œillet-
Notre-Dame (a) ou porion (b) — il faut que la fleur soit cueil-
lie. Nous l'entremêlerons à l'hyacinthe, au lys, au lychnis,
au lierre, et nous en couronnerons nos amies à l'heure de nos
festins métaphysiques (c) :

> Hederae Narcissique ter circumvoluto circulo
> Tortilium coronarum...

Et nous jouerons à les orner d'inédites et touchantes grâces.

— Tu vero admodum variam e floribus coronam gestabis
mollissimam, suavissimam.

— Summe Jupiter, illam habentem, quis osculabitur
Oui, qui baisera sur la bouche la reine du jeu?

(a) Commentaires de Philostrate, Tableaux (Paris, 1620, in-folio).
(b) Commentaires d'Athénée, Deipnosoph. (Paris, 1598, in-folio).
(c) Citations d'Athénée, édit. gr. lat. (Ibid.)

terait même pas des reflets qui dorment dans les
sources. A l'écart de tout, en une solitude rigoureuse et farouche, il soignerait, jaloux et silen-
cieux, la fleur précieuse de son jardinet, trop
précieuse pour l'œil d'autrui. Tels peut-être les
solitaires de jadis ? Non, car ils ne cultivaient
leur moi que pour l'arracher, attendant que la
plante fût devenue assez solide pour donner
prise aux mains du renoncement (1). Illogique,
il convie autrui à visiter ses plates-bandes et ses
serres, car, horticulteur à la mode, et non plus
pauvre jardinier, il exhibe d'alléchantes collec-
tions d'azalées et de phénoménales orchidées,
images provignées de son orgueil. Lui seul est
le grand horticulteur, mais sa propre affirmation défaille si les autres ne la confirment.

Nietzsche, le négrier de l'idéalisme, le proto-
type du néronisme mental, réserve, après toutes
les destructions, une caste d'esclaves sur laquelle
le moi du génie peut se prouver sa propre existence en exerçant d'ingénieuses cruautés. Lui
aussi veut qu'on le connaisse et que l'on approuve
sa gloire d'être Frédéric Nietzsche, — et Nietzsche
a raison (2).

(1) Le solitaire, même seul, n'était pas toujours seul. Parfois il entendait « la voix qui parle aux solitaires. » (HELLO,
Physionomies de Saints, p. 423.)
(2) L'auteur ne change rien à ce paragraphe où apparaît son

L'homme le plus humble a besoin de gloire : il
a besoin de la gloire adéquate à sa médiocrité.
L'homme de génie a besoin de gloire ; il a besoin
de la gloire adéquate à son génie (2). Quel poète
et qui donc serait content de la seule couronne
qu'il se poserait lui-même sur la tête, comme
Charles-Quint ? L'empereur ne se couronna pas
dans l'ombre de son oratoire ; il se couronna
devant toute la terre et devant les princes de
toute la terre, disant ainsi que, premier juge de
sa propre gloire, il n'en était que le premier juge,
et non pas le seul.

Pensé par les autres, le moi acquiert une con-
cience nouvelle et plus forte, et multipliée selon
son identité essentielle.

Multiplier une rose, cela fait un jardin de
roses ; multiplier une ortie, cela fait un champ
d'orties.

Car la déviation de l'idéalisme, telle que je la
conçois, ne va pas, et tout au contraire, à ratifier
la baroque loi du nombre, qui se base sur de
fabuleuses additions où sont ensemble comptés

ignorance d'alors touchant Nietzsche. Mais cette ignorance même
est bonne à constater, à cause du parallélisme de certaines idées.
Plus d'un esprit libre et logique de ce temps a relu dans
Nietzsche telle de ses pensées.

(2) Hello a écrit sur une idée voisine de ceci des pages fort belles (De la Charité intellectuelle dans les Plateaux de la Balance).

les roses et les orties, les rats et les zèbres. La
pensée s'individualise différemment ; il n'y a pas
deux individus identiques ; les miroirs sont bons
ou mauvais, — et encore le miroir n'absorbe et
ne réfléchit qu'une manière d'être et non l'être en
soi. L'être en soi est inviolable, mais il faut qu'il
subisse des tentatives de viol pour apprendre
qu'il est inviolable.

Le Stylite vit tout seul sur sa colonne, mais il
a besoin de la foule des pèlerins qui se presse au
pied de sa colonne ; il a besoin de la salutation
de Théodose ; il a besoin de la vaine flèche de
Théodoric.

Sans la pensée qui le pense, le Stylite n'est
qu'un palmier dans le désert.

Février 1894.

III

LE PRINCIPE DE LA CHARITÉ

Le principe d'un acte, ou sa cause génératrice et maîtresse, importe plus que l'acte lui-même, car c'est par son principe que l'acte acquiert son degré de valeur esthétique, c'est-à-dire morale. Réduit au mécanisme physique, l'acte est indifférent : c'est l'extériorisation d'une force et rien de plus. Que l'effort des muscles se résolve en un sauvetage ou en un meurtre, les deux actes sont les mêmes, et pour les différencier il faut avoir compris leur principe initial; mais ce principe peut être commun, avidité, vanité, obéissance, courage : — et un meurtre apparaîtra vêtu de toute la sanglante beauté du désintéressement, et un sauvetage sali de toute la vase du fleuve et de toute la boue de la récompense. Que, les principes déterminés, le châtiment intervienne et efface le crime; que la récompense, aussi sûrement, efface l'œuvre qui la motiva, et l'on retrouve l'état d'indifférence qui est l'état normal de l'acte

et qui sera l'état même de l'Activité le jour où
tous les actes possibles auront été accomplis. Il
faut donc, si l'on veut absolument juger, ce qui
est un jeu défendu, mais bien humain, juger non les
actes qui ne sont que des mouvements et dont la
direction peut être à chaque instant déviée par des
causes secondaires ou postérieures, mais les pré-
actes, les actes en puissance, les actes au moment
même où ils vont être déterminés par le principe
initial; il faut juger le principe même et non le fait,
et, ici, chercher quel est le principe qui peut conférer à un acte la qualité d'acte de charité, en opposition avec la foule des actions ainsi qualifiées
d'ordinaire, mais indûment.

I

La vie, qui est un acte de foi, puisque l'homme
est incapable de vérifier les notions sur lesquelles
s'appuie son existence même quotidienne, est
aussi un acte de charité puisqu'elle est un échange
perpétuel de notions et de sentiments entre les
hommes et entre l'homme et le reste de la nature.
Parmi ce torrent d'effluves, les actions communé-
ment appelées charitables ne sont qu'un tout petit souffle, et souvent de vanité, — mais qui siffle

comme un jet de vapeur, afin de capter l'attention
et la sensibilité des âmes. Ces actions n'ont que le
mérite d'être conscientes ; elles le sont jusqu'à l'ostentation et jusqu'au mensonge, car elles arrivent
à faire croire qu'elles ont seules droit au nom
d'actes de charité, alors que leur principe les
range parmi les plus ordinaires gestes du commerce.

Les actes charitables ne sont le plus souvent
que des actes commerciaux, vente, achat, échange :
gagner le ciel, gagner l'estime générale, gagner
sa propre estime, gagner le repos de sa conscience ; acheter une joie ; se défaire d'un remords ;
échange d'une monnaie contre une bénédiction ;
achat d'une chance favorable, d'un avantage, encore que problématique, d'un bonheur, encore
qu'illusoire. Tous ces actes obéissent au principe
du gain, atténué çà et là par le principe du plaisir. Ce dernier principe est seul en cause quand la
charité, acte d'amour ou acte de pitié, prend un
caractère noblement égoïste et conforme à la destinée de l'homme, qui est de s'affermir dans sa vie
et de s'affirmer dans l'exercice des sentiments qui
lui font éprouver fortement la joie de la supériorité personnelle. Par les actes d'amour et de pitié
qui souvent se confondent (surtout chez les femmes, et c'est un socle où elles haussent déli-

cieusement), l'homme conquiert la sensation de se grandir et même de devenir unique ; créateurs d'allégresses vraiment divines, ces actes ont les mêmes effets que la douleur : ils différencient puissamment celui qui les accomplit avec pureté; ils le dressent sur la colonne du Stylite d'où les cailloux du désert ne sont que des grains de sable, d'où le sable se ride et rit avec des fraîcheurs d'eau. Mais là encore, et puisque l'expérience d'un tel résultat peut s'acquérir, le désintéressement n'est pas absolu ; la conscience du but n'est pas toujours ni tout à fait absente et, quoique rien de social ou de pratique ne souille de tels actes (ils peuvent être, cela est toujours sous-entendu, socialement criminels), c'est encore plus loin qu'il nous faut chercher le principe de la charité parfaite.

Le principe de la charité est le don gratuit, pur et simple, sans désir, sans espérance, sans but. La nature et l'humanité la plus voisine de la nature nous donneraient de cela des exemples si on les devait choisir inconscients : la charité de la fleur, la charité du châtaignier, la charité du bœuf, la charité du chien, — la charité du génie, la charité de la beauté, — la charité de la mer, la charité du soleil, — la charité de Dieu (dont l'être est indéterminé) qui maintient, selon les lois, la succession des phénomènes et l'activité

17.

de l'intelligence ; — mais la véritable charité est l'acte de l'homme conscient qui vit selon sa propre personnalité et d'après les règles de sa logique intérieure et individuelle. Cet homme donne ce qu'il a et donne ce qu'il est. Pour fleurir, il n'emprunte pas, chardon, la sève du lys, il n'est ni le lierre ni le miroir : il ne plante pas ses griffes dans la tige plus forte d'autres intelligences, ni ne vole la grâce d'autres âmes ; herbe ou métal ou créature vivante, il n'offre à la prairie des êtres et des choses que l'opulence naturelle d'un généreux égoïsme, conforme au rythme, adéquat aux gestes divins.

La plus grande charité est donc de vivre et de consentir à être dans la prairie une tache d'ocre ou de laque et de borner son rôle aux relations qu'une nuance doit avoir avec les autres nuances. Mais pour vivre il ne suffit pas d'exister ; il faut avoir la conscience de sa vie et de sa couleur et de son jeu et, cette triple conscience acquise, maintenir la succession de ses phénomènes et l'activité de son intelligence : en cela, l'homme est dieu et son propre Dieu, et, devenu son propre Dieu, il atteint le sommet suprême de la charité, qui est l'amour de soi-même en quoi est impliqué le don de soi-même.

Aimer, c'est donner ; s'aimer, c'est se donner :

ainsi par le raisonnement le plus simple on identifie, à l'infini, l'amour et l'égoïsme, le moi et le
non-moi, dans la conscience de se sentir indéterminé : l'égoïsme pense l'amour, et, pensé
l'amour, se vivifie et s'épand en ondes sur le
monde. Ces ondes, comme celles que dessine sur
l'eau une pluie de pierres, s'entrelacent sans se
confondre et sans briser leurs cercles qu'un mouvement sûr extend, à partir du point de chute,
jusqu'à une limite inconnue. Parmi l'harmonie
de tant d'ondulations invincibles, les actes de
la charité commerciale viennent crever comme la
bulle d'air revomie par une grenouille.

II

Ce que l'on nomme la vie de relation participe
donc en plusieurs de ses mouvements à la charité
la plus haute, mais cette vérité ne sera pas plus
amplement démontrée, car les choses ayant
deux faces et les mots leurs exigences, on at-
tend sans doute un examen bref des faits les
plus conformes à la définition des lexiques et
que l'on revienne, pour ne pas contrarier plus
longtemps le commun des habitudes cérébrales,
à l'analyse des actes pratiqués et monopolisés
par des « cœurs utiles ».

L'idée que la charité doit être utile est presque nouvelle; elle date sans doute de saint Vincent de Paul, ou du moins l'on s'accorde à faire honneur de cette invention curieuse au célèbre philanthrope, au Parmentier des petits enfants. Avant lui, la charité n'était qu'un rachat de personnelles fautes; elle gardait son caractère égoïste et digne de prodigalité; elle était vraiment, le plus souvent, un don sans conditions, sans but que d'être un don; elle était un sacrifice; elle avait la grâce et la pureté de l'oubli : elle ne suivait pas son argent des yeux. Aujourd'hui l'on va jusqu'à produire, presque en justice, le reçu du Pauvre, avec timbre de quittance. On fait un placement de vanité ou de peur. Le carnet à souche de l'aumônière est devenu un bouclier contre les jets de boue, et quand il est périmé on en fait de la pâte à papier d'affiches. La charité est devenue une des formes de la réclame : savoir piper l'argent miséricordieux et le répartir entre les plus adroits hurleurs est un talent apprécié chez les journalistes, qui envient un métier si généreusement productif et chez les petits bourgeois qui ont le respect de la comptabilité, de l'ordre, de l'économie et qui donnent, non au pauvre qui passe, mais à l'indigent certifié par un numéro d'agenda.

Mais qu'elle serve, sycophante, les intérêts d'un audacieux philanthrope ou qu'elle soit l'assurance contre la grêle signée par un trembleur innocent, la charité perd également tous ses caractères essentiels : en d'autres circonstances, elle n'en garde que peu et c'est, par exemple, singulièrement la diminuer en beauté que de la faire descendre au rang de rouage social, moteur d'ordre humain, complice des tyrannies de la civilisation. On a dit que l'aumône était l'une des insultes du riche envers le pauvre. Presque toujours : parce qu'elle n'est presque jamais le don gratuit. On achète, pour quelques argents, le silence et la sagesse du pauvre ; mais l'aumône qui ne demanderait rien en échange, l'aumône d'un verre d'eau-de-vie à un ivrogne, serait-ce vraiment une insulte ? Il est affreux de conduire chez le boulanger la triste créature qui tend la main ; la voilà l'insulte, et impardonnable, l'insulte d'une charité méprisante qui limite le besoin pour limiter le don. Et que savez-vous si ce pauvre n'a pas besoin d'une fleur ou d'une femme ? Le pain que vous lui offrez, il ne devrait le manger que trempé dans le sang amer de vos veines rompues. La charité qui limite et qui choisit est cruelle et dérisoire ; si l'on y mêle la notion du devoir, elle s'ironise encore et s'aggrave, et se déshonorerait, si c'était possible.

Peut-on déshonorer la charité?

Villiers de l'Isle-Adam, d'un obscène mendiant, disait qu'il déshonorait la pauvreté. C'est aller loin. Si des pauvres sont abjects ils ne déshonorent qu'eux-mêmes; et la charité est-elle avilie par la danseuse qui, en un hideux bal de bienfaisance, fait choir un plaisir à l'humiliation d'un devoir? Les mots collectifs ne sont pas responsables des unités qu'ils signifient : élevés au rang d'idées, ils ne peuvent être amoindris par la trahison d'un fait.

Qui peut déshonorer la joie ?

Mais la charité est une joie à laquelle, comme à toutes les joies, il faut un peu d'hypocrisie, le demi-jour, le pas de nom, l'acte d'homme pur et simple, comme la possession d'une femme dont on ne connaîtra que la surface et qui n'entendra que l'anonyme cri de l'Homme, dans l'ombre d'une œuvre secrète.

Février 1896.

IV

LA DESTINÉE DES LANGUES

On a publié naguère dans une revue de vulga-
risation (1) un article orné de ce titre brillant :
« La Guerre des langues. » Malheureusement,
quoique muni d'une érudition toute fraîche et
assuré des plus récentes statistiques, l'auteur,
qui est un étranger, n'a pu proférer les conclusions qui se seraient tout naturellement imposées à un écrivain français. Il voit la question par
le côté extérieur : il est plein de sympathie, mais
il manque, et c'est bien son droit, de cet amour
qui adore jusqu'aux défauts de sa passion et qui
veut que l'être unique triomphe tout entier,
même contre tout droit, toute justice et sagesse.
Il y a aussi bien du souci commercial dans ses
calculs ; souci louable et que même un poète par-
tagerait, puisque la littérature se vend — comme

---

(1) On a supprimé le nom, d'ailleurs insignifiant, qui figurait
dans la première version de cette fantaisie. Peut-être gagnera-
t-elle à être dépouillée de tout caractère polémique.

les oranges et comme les fleurs ; mais on songe que ce directeur d'une revue française le pourrait être, si son exode avait fourché, d'un recueil allemand ou d'un magasin anglais, et tel vœu touchant la simplification de notre orthographe et, en vérité oui ! de notre syntaxe, ne laisse pas que de nous troubler au souvenir, évoqué aussitôt, d'un célèbre jugement du roi Salomon. *Sit ut est, aut non sit;* ce mot d'un jésuite prénietzschéen, la plus haute parole échappée à l'instinct de puissance, doit être rappelé avant toute discussion. Sa clarté dispense de longs commentaires.

Il est toujours amusant de voir un Tchèque ou un Polonais offrir du fond de son cœur à un Français de Reims ou de Rouen des moyens délicats d'améliorer la langue qu'il apprit dans le ventre de sa mère ; on passe sur l'impudence et l'on rit : on aime à rire sur les bords de la Seine et sur les bords de la Marne. Mais nous avons affaire à un sérieux judaïque qu'aucune plaisanterie n'écorche, et il nous faudrait peut-être traiter sérieusement d'un sujet qui semblait réservé jusqu'ici à égayer la fin des vaines séances académiques.

En voici l'exposé, repris à son commencement:

Jadis, assure-t-on, le français était la langue parlée par le plus grand nombre d'hommes. Ce

jadis est imprécis. Je vois bien, d'après les petits
bonshommes gradués comme des fioles d'officine
(dont le démonstrateur éclaire libéralemenl l'in-
tellect de ses nombreux lecteurs), je vois bien,
dis-je, que le français est aujourd'hui serré d'assez près par le japonais et que, bien au-dessus
de la française, la fiole russe dresse sa capsule
noire; je vois bien les rapports arithmétiques
qu'il y a entre les chiffres 85, 58 et 40, — mais
c'est tout, car il s'agit des langues humaines,
c'est-à-dire de pensée, d'art, de poésie, et non
pas de sucre, de poivre ou de café. Songez qu'il
y a presque deux fois plus de moulins à parole
qui broient du russe qu'il n'y en a d'adonnés à
moudre du français! Et quoi? Il y a encore bien
plus de moulins chinois : il y en a trois ou quatre cent millions. La statistique est l'art de dépouiller les chiffres de toute la réalité qu'ils contiennent. Un égale un, parfois; le plus souvent
$1 = x$. L'auteur, qui est israélite, devrait se
souvenir qu'une petite tribu de Bédouins a imposé sa religion au monde entier. Le grec classique n'a jamais été parlé à la fois par un peuple plus nombreux que les Suisses ou les Danois.

Mais le grec serait mort et sa littérature aurait péri sans la puissance byzantine; et c'est le
javelot romain qui planta le latin dans l'Europe

18

occidentale. La destinée d'une langue est déterminée par deux causes, l'une intime et l'autre
d'action extérieure, l'une toute littéraire et l'autre
toute politique. Cette seconde cause est la plus
forte ; elle peut anéantir la première ; mais si
elle s'y ajoute, au lieu de la contrarier, elle peut
acquérir une puissance indestructible. L'avenir
sera ce qu'il lui plaira ; ce qui est hors de notre
influence et de notre raison ne doit pas nous in-
téresser fortement. Cependant il est évident que
la langue de l'Europe future sera la langue du
vainqueur de l'Europe ; et s'il est probable que
la Russie soit la Rome de demain, il est probable que le russe soit le latin des prochains siècles.
Le rôle de la France, avilie par des gouverne-
ments indignes, étant désormais purement littéraire (à moins d'un improbable réveil), la question qui peut amuser est celle-ci : dans quelle
proportion, à côté de la langue du vainqueur,
les langues des vaincus futurs peuvent-elles
espérer de vivre littérairement ?

C'est-à-dire à l'état de langues mortes, de
langues de parade ou de cénacles. Car la vie et
l'unité d'une langue sont intimement liées à la
vie et à l'unité politiques d'un peuple. L'histoire
de la langue française l'a montré clairement,
quoique à rebours, et l'évolution de l'espagnol

dans l'Amérique du Sud sera prochainement un
argument pour cette thèse, qui n'est pas d'ailleurs
contestable. Les états de l'Europe vaincue, en
perdant leur autonomie, verront leurs langues
se fractionner rapidement en une quantité de
dialectes dont la différenciation sera croissante.
Ou, pour mieux dire, les dialectes de France, par
exemple, qui sont encore vivants et fort nombreux, n'étant plus dominés par un parler commun qui les régisse et les coordonne, devien-
dront de véritables petites langues particulières
aussi différentes entre elles que le wallon et le
provençal, le picard et le portugais. Les Français de Lyon ne comprendront plus ceux de
Nantes, ni ceux de Paris ceux de Rennes. Il y
aura des années et peut-être des siècles de grand
trouble, une anarchie linguistique analogue à la
grande anarchie qui suivit la destruction politique de l'empire romain. Mais les hommes, et
c'est leur fin, sont ingénieux à tourner les obstacles que la nature leur impose. Ayant besoin
d'une langue d'échange, ils accepteront sans aucun doute celle du vainqueur. Ces acceptations,
dont il y a tant d'exemples dans l'histoire, semblent inexplicables parce qu'on les croit béné-
voles. Mais si l'on réfléchit que les fonctions
publiques, l'influence et la richesse ne sont plus

abordables pour les vaincus qu'au moyen de la langue du vainqueur, qui est le bac ou le pont joignant les deux rives du fleuve, les apostasies linguistiques apparaissent au contraire absolument conformes à ce que l'on doit entendre de. la nature humaine, toujours inclinée du côté du bonheur sensible.

Cependant les Barbares n'imposèrent pas leurs langues au monde romain ; le latin, que les Vandales avaient respecté en Afrique, ne céda que beaucoup plus tard à l'invasion arabe. Il faut sans doute tenir compte, dans l'examen de ces faits contradictoires, soit de l'intelligence, soit du caractère du vainqueur. Pourquoi le latin qui avait résisté aux Vandales ne put-il résister aux Arabes? Sans doute parce que, malgré que leur nom ait acquis une mauvaise odeur, les Vandales, d'une race douce et intelligente, plus sensuelle que vaniteuse, furent vite amollis et amusés par une civilisation dont tous les éléments n'étaient pas étrangers à leur mentalité. Mais aucun contact ni de sentiment ni d'intelligence ne fut possible entre l'Arabe et le Romano-Vandale ; les vainqueurs exercèrent tous leurs droits et même celui du massacre.

Le caractère orgueilleux des Romains avait eu le même résultat que la stupidité des Arabes.

Pas plus que l'Anglais ou le Français d'aujour-
d'hui, ils ne voulurent considérer comme un
outil respectable la langue des vaincus; les soldats de César ne songèrent pas plus à parler
gaulois que mexicain les compagnons de Cortez.
Chose singulière, Cortez avait trouvé un inter-
prète au seuil de l'empire mystérieux qu'il allait
dompter en quelques semaines; César en trouva
autant qu'il y avait de dialectes en Gaule : il y
a des hommes pour qui les défenses de la nature
deviennent des complices. Mais le futur vainqueur de l'Europe rencontrera, non des dialectes
sans intensité, mais les langues robustes et résis-
tantes, appuyées sur des littératures anciennes,
respectées, vivaces, sur des traditions adminis-
tratives, sur la foi populaire qui, en certains
pays d'Europe, identifie avec beaucoup de raison la langue, la race et la patrie politique.
Dans ces luttes suprêmes, les littératures seront
encore une force; quand les armées auront été
anéanties, au-dessus des mâles égorgés les
femmes se dresseront pleines d'imprécations et
de gémissements où la langue des vaincus affir-
mera sa volonté de vivre, même pour la souffrance
et pour le désespoir, et les enfants oublieront
difficilement le son des syllabes qui auront,
autant que les larmes, autant que les san-

glots, pleuré leurs pères. Mais la vie, plus forte
que les sentiments particuliers, est aussi plus
forte que les sentiments nationaux. Les langues
de l'Europe périront toutes, malgré ce qu'elles
contiennent de beauté et d'humanité ; elles périront toutes selon la tradition orale : si l'une ou
deux ou trois d'entre elles doivent échapper à la
mort intégrale et vivre, un peu, comme vivent
encore un peu, aujourd'hui, le latin et, beaucoup
moins, le grec ou l'ancien français, — lesquelles ?

§

Si l'on suppose que le vainqueur de l'Europe
et du monde sera le peuple russe, il faut d'abord
éliminer toutes les autres langues slaves, qui
seront les premières détruites. Aucune d'elles,
d'ailleurs, ne possède une littérature qui puisse
ou retarder ou même faire regretter beaucoup
leur disparition ; on peut dès maintenant les
considérer comme des phénomènes passagers,
et avec un peu d'application déterminer, à un
siècle près, tout cataclysme écarté, la date de
l'extinction totale. Ceci admis, on appliquera le
même raisonnement aux parlers scandinaves
dont la vie, rénovée par tel écrivain de génie,
n'en est pas moins factice et précaire. Même si

l'Europe devait, au lieu de la conquête, subir,
châtiment bien plus épouvantable, la paix mé-
lancolique que lui prédisent les humanitaires, on
ne voit pas la place que pourrait tenir dans le
monde, Ibsen disparu, une langue telle que le
dano-norwégien. Ces dialectes réservés à un
petit nombre d'hommes sont pour ces hommes
mêmes un embarras et unpiège, et, plus encore,
un tombeau.

Le hollandais ne doit pas attendre une meilleure destinée, ni le portugais; mais ces deux
langues pourraient, longtemps encore, évoluer,
l'une en Afrique, l'autre au Brésil, où, malgré
de singulières modifications, elles garderaient
assez de leur figure primitive pour faire douter
de leur disparition réelle. Quoique plus vigou-
reux, mais aussi dénué de force expansive, l'espagnol subirait le même sort et son histoire se
continuerait outre-mer, à travers les immensités
de plus de la moitié d'un continent immense.

L'envahisseur, qui s'est d'abord attaqué à
l'Allemagne, déjà enserrée par une conquête
presque circulaire, y trouve une sérieuse résistance linguistique, mais sans profondeur, sans
racines. La littérature presque toute de science
ou de philosophie s'y renouvelait tous les dix
ans, et les derniers siècles, depuis Nietzsche,

dont le ferment a ravagé mais non renouvelé un monde, trop décadent et déjà ruiné, y ont été presque inféconds. La folie des analyses et des expériences socialistes ont abruti définitivement le peuple allemand en développant sa double tendance à la rêverie sentimentale et à la jouissance matérielle. Ses dernières activités mentales ignorent, plus encore qu'au vingtième siècle, les joies aristocratiques de la création; il est devenu tout entier contrefacteur et assimilateur; il imite, il traduit, il compile. C'est sans répugnance qu'il apprendra la langue du vainqueur; il emploiera à cette besogne, dont il sentira vivement l'utilité hédémonique, les derniers restes de son énergie et son attention depuis longtemps disciplinée. Sa littérature obscure, lourde et sans éclat n'opposera qu'une faible digue aux puissantes vagues du nouvel océan barbare. Les sentimentalités récalcitrantes trouveront dans la musique un refuge suprême.

Cependant les tentacules de la pieuvre atteignent l'Angleterre et l'Italie. Une île est une proie difficile à atteindre, mais dès qu'elle est touchée, c'est une proie paralysée. Un État insulaire n'a jamais d'armée, quelle que soit sa volonté de se créer cet organe de défense; au centre de la partie mobile de la population, il

y a une masse d'hommes plus ignorants, plus
orgueilleux et plus timorés que chez n'importe
quelle nation continentale. Tout étranger y tomberait comme un Martien et n'y ferait pas régner
un moindre désarroi ni une moindre terreur (1).
La conquête linguistique des grandes îles est
plus facile encore que leur conquête militaire;
il n'y faut que de la persévérance. L'entêtement
s'amollit bientôt, pénétré par le doux esprit de
lucre, par les saines idées d'utilité; l'instinct
commercial étouffe l'instinct national. Pour les
peuples uniquement trafiquants, comme les insu-
laires, la langue des dieux est celle qui est pour
l'or la meilleure glu.

L'Angleterre, qui a une littérature, n'a pas ou
n'a plus de langue littéraire. Tels Anglais qu'on
nous apprend à vénérer comme de grands écrivains ignorent jusqu'à l'art élémentaire de la
phrase et du rythme; ils écrivent comme ils par-
lent, en oubliant une partie des mots, et comme
ils pensent, en oubliant une partie des idées.
Quand ils croient composer, ils juxtaposent. Ils
envoient leurs pensées à la bataille, comme lord

(1) Récemment, la vue d'un navire au pavillon inconnu, qui
fuyait le mauvais temps, fit que les habitants d'un village de pê-
cheurs écossais s'enfuirent épouvantés, croyant à une invasion
des Boers! Que doit donc être le terrien anglais?

Methuen ses soldats, par petits groupes com-
pacts et isolés. On ne sait pas encore ce que veut
dire *Hamlet* on sait qu'enlevée la broderie admirable des images il ne reste de *Roméo et Juliette*
qu'un conte enfantin. Mais Shakespeare est un
tel brodeur! Ici, il y a une langue littéraire, et
plus forte que la pensée même dont elle est l'expression. Moment unique : les poètes anglais ne
sont presque jamais des artistes, et c'est l'in-
verse en Italie, où l'art verbal recouvre si peu
de vraie poésie. Il n'est pas probable que l'ironie
d'un Swift ou d'un Carlyle soit goûtée par un
peuple glorieux de sa force et ardent à la vie. Ce
n'est pas là de la littérature de vainqueur. Le
passage de la langue anglaise de l'état vivant à
l'état classique ne pourra donc être déterminé
que par le respect dont même des barbares auront
appris à entourer le nom de Shakespeare. Si
Shakespeare demeure, si le texte de son œuvre
est déclaré sacré, des centaines de noms et de
livres anglais peuvent entrer dans le temple,
escorte du génie sauveur ; mais ce triomphe n'est
pas certain. Trop libre et trop passionné, Shakespeare, dans les derniers siècles de l'Europe,
aura été fort négligé par une Angleterre de plus
en plus méthodiste et commerciale. La mort de
Ruskin a clos une ère d'activité esthétique ou du

moins de tentatives intéressantes pour l'impossible fusion des idées de beauté et de vie humaine. Après la disparition du prophète de la lumière, l'Angleterre est revenue avec délices à ses
joies sombres et closes. La peinture claire et les
étoffes transparentes sont incompatibles avec la
nécessité de la houille ; là où il faut se chauffer
beaucoup et beaucoup activer des machines, le
plaisir est d'avoir une maison solide, de manger des choses fortes, de boire en écoutant la
pluie battre les vitres. Quelques distractions vio-
lentes suffisent, aux jours de beau temps. Mais
les revers militaires et des difficultés sociales
ont encore durci le caractère de l'Anglais, et les
hommes comme la nation se sont enfermés dans
un isolement cruel. L'Angleterre se fait souffrir
elle-même pour oublier les blessures qu'elle a
reçues de l'étranger et c'est la religion qui a
bénéficié de cette longue crise d'orgueil. Oublié
dans le reste de l'ancienne Europe ou retourné
parmi les peuples latins à l'état de superstition
païenne, le christianisme est encore vivant en
Angleterre au jour même de l'invasion (1). L'or-

(1) C'est au nom du christianisme que, cette année même, les
juges anglais poursuivent comme *obscènes* les livres de libre philosophie scientifique édités par l'*University Press :* la *Pathologie des Emotions*, la *Psychologie sexuelle*, le *Vieil et le nouvel Idéal*, le *Rythme des pulsations*, *Responsabilité et détermi-*

gueil a fini par se liquéfier en une résignation
noire : le peuple de Dieu souffre parce que Dieu
l'a voulu, et pour être jusqu'au bout le nouvel
Israël, il faut que l'Angleterre souffre en silence,
ainsi que les Juifs de jadis. Ces idées ont inspiré toute une vaste et basse littérature. Depuis
deux ou trois siècles, les femmes seules écrivent, la
baisse des salaires dans les travaux intellectuels
ayant à la fin écarté les hommes d'une profession
dépréciée. Elles cultivent le seul genre littéraire
auquel de tout temps elles aient été propres, le
roman. Mais ce roman, depuis qu'elles sont sans
concurrents ou plutôt sans maîtres, est toujours le
même et toujours optimiste : il s'agit invariable-
ment d'un amour contrarié par l'état de péché d'un
des amoureux (l'homme, la femme étant le lys
parmi les chardons) et dont une conversion sou-
daine (ou lente, si la magazine a besoin de copie)
permet la délicieuse réalisation. Aucune jeune
fille de dix-huit ans, aucun homme dépassant
la trentaine, aucun personnage marié, ni mâle
ni femelle, hormis de vénérables parents, ne
figurent jamais dans ces histoires dévotes, sinon

---

nisme. Ce dernier ouvrage est de M. Hamon ; le premier est du
D. Féré. Ce sont des livres que le cléricalisme protestant envoie
maintenant au bûcher de Servet. L'Angleterre est manifestement
à la veille d'un renouveau de fanatisme.

tout au fond du tableau. De même que les insec-
tes, les Anglais n'ont plus d'histoire, franchie
leur crise nubile ; ils ne meurent pas immédiatement sans doute, comme les coléoptères, mais
ils vivent dans le silence, le travail et la vertu.
Entre le vingt-deuxième siècle et l'envahissement
de l'Angleterre, une seule romancière osa une
timide allusion au mécanisme de l'amour ; elle dut
s'exiler en Allemagne. C'est le seul écrivain anglais dont le nom, pendant cette longue période,
fut connu sur le continent.

§

(Ici on pourrait supposer que la décadence de
l'Europe du Nord avait été singulièrement accrue
par la rigueur croissante des hivers : la limite du
seigle était descendue à Christiana ; celle du fro-
ment à Newcastle et à Copenhague ; celle de la
vigne passait par Bordeaux, Venise et la Crimée.
Les lignes isothermes ayant fléchi sur l'ouest et
le centre de l'Europe, par suite d'une déviation
du grand courant équatorial, la température de
Londres se rapprochait de celle de Moscou. La
civilisation avait donc reculé vers le sud, Rome
était redevenue la vraie capitale du monde, et la
Méditerranée avait retrouvé sa primitive splen-

deur. Un nouvel empire s'étendait, limité au nord
par le Danube, de Vienne à Palerme et de Gênes
à Constantinople. La courbe du grand fleuve,
jadis océan entre deux mondes, arrête longtemps
les Slaves, malgré les complicités qui travaillaient
pour eux à l'intérieur du cercle... Et on imagi
nerait toute une histoire future. — Mais c'est
trop facile.)

§

L'Italie offre aux Barbares (en toute hypothèse) une résistance imprévue. Sa défense, c'est
l'éblouissement. Devant ce spectacle d'une vie
extérieure régie par la recherche de la volupté,
'envahisseur s'adoucit, enfin heureux de vivre;
les armées fondent; Capoue renaît dans les roses
latines et dans les lys florentins. Comment imposer au sourire milanais la rudesse d'une langue
mal élevée? Si une des langues de l'Europe doit
survivre à la conquête de l'Europe, ce sera l'italien, la moins souillée, la plus souple, la plus
fraîche et, en même temps, la plus égoïste et la
plus fière des sœurs romanes. La paresse du
peuple italien, sa délicieuse ignorance lui ont
forgé à son insu une force linguistique de pre-

mier ordre; l'Italien n'a jamais accepté aucun
mot étranger sans le dépouiller d'abord de son
harnais d'origine : cette délicatesse a donné au
peuple l'illusion que toutes les nouveautés verbales sont des filles légitimes du génie italien, et
la conviction de parler une langue pure lui a
inspiré un grand dédain pour tous les autres parlers de l'Europe : elle rit devant tous les sons qui
ne sortent pas de sa flûte. Enfin l'italien est le
vestibule direct du latin qui, en ces siècles éloi-
gnés, a gardé son prestige sacré. La connaissance
d'une des deux langues mène à l'autre avec facilité, et comme elles évoluèrent sur le même sol,
on les trouve historiquement enlacées dès qu'on
éventre une colline, dès qu'on remue les ruines
d'une église ou d'un palais. Le latin nous apporta
la civilisation antique; l'italien porterait aux hommes futurs la connaissance où le souvenir des
civilisations modernes. Devoir peut-être un peu
lourd pour une langue qui s'est perfectionnée
dans la bouche du peuple plutôt que dans le cerveau des écrivains. La littérature italienne des
derniers siècles est lumineuse et légère, claire et
voluptueuse; elle n'est que cela, et c'est peut-être
ce qui la sauvera. Les sensibilités du Nord vien-
dront se réchauffer en ce ruisselet tiède et parfumé; les hommes, las des philosophies et des

sociologies, aimeront la chanson des oiseaux latins.

En linguistique il faut admettre que c'est le peuple qui crée et recrée sans cesse l'instrument; mais les hommes aptes à manier cet instrument délicat et terrible sont en très petit nombre. Dès que les écrivains sont légion, dès que la culture littéraire s'épand sur la nation entière, substituant à la noblesse de l'inconscient la mesquinerie de l'action volontaire et préméditée, il se produit une déviation esthétique et un abaissement intellectuel. On dirait que la civilisation est un gâteau et que les parts sont d'autant plus petites que les convives sont plus nombreux. Ceci ne peut pas encore se démontrer : mais la notion deviendra évidente. Comme tout se tient, si la houille venait à manquer, la production littéraire baisserait de moitié. Les aphorismes de Malthus sont applicables au génie. Parce que des millions d'imbéciles veulent lire des romans-feuilletons, on manquera peut-être un jour de la rame de papier nécessaire pour faire connaître un nouveau *Zarathoustra* aux mille cerveaux d'élite qui seuls le pourraient comprendre. On écrira là-dessus des choses très belles et très inutiles quand les Barbares auront incendié Paris.

A ce moment-là il n'y aura plus guère de lit

térature française que celle des siècle anciens, et la langue, déformée par les étrangers auxquels on l'aura livrée, ne sera qu'un amas grossier de termes exotiques enchâssés chacun dans une orthographe superstitieuse. Déjà pour bien parler français à la mode des bureaux de rédaction et des cercles sportifs, il faut connaître la valeur des lettres selon l'alphabet de cinq ou six langues étrangères ; à la veille de l'invasion, la langue française sera un crachoir international. Nul ne la regrettera, ni même les Français, qu'elle rebutera par son odeur cosmopolite. S'il y a encore quelques poètes, ils useront du latin ou de telle vieille forme séculaire : on écrira en Victor Hugo, en Racine, en Ronsard. La littérature, enfin socialisée, se composera de romans historiques où la civilisation d'aujourd'hui sera représentée sous les couleurs que nous attribuons maintenant à l'homme lacustre ; avec cela, quelques traités de science élémentaire. Un grand silence intellectuel planera sur notre patrie. La contradiction étant impossible, toute puissance appartenant à l'État, seuls pourront parler ceux qui penseront comme l État ; mais personne n'aura l'inutile courage d'écrire, sinon les scribes officiels appointés pour cette besogne. Les vainqueurs ne toucheront pas à l'admirable organisation fran-

çaise de l'esclavage socialiste; ce bagne sera
l'atelier qui travaillera pour entretenir la civilisation renaissante dans le reste de l'Europe.
Mais j'espère qu'il se révoltera, afin que tout
recommence et qu'il y ait enfin une science historique (1).

(1) M. Robert Waldmüller (Duboc), en visitant Victor Hugo à
Guernesey, recueillit son opinion sur la future « langue européenne ». Voici l'anecdote résumée par le Temps (7 février), d'après
le Litterarische Echo de Berlin:

« En 1867, M. Duboc voyageait en France et en Angleterre.
Ce fut peut-être un obscur mouvement d'atavisme français qui le
poussa à rendre visite, en passant la Manche, au plus grand des
poètes français vivant. Il débarqua donc à Guernesey et se fit
indiquer Hauteville house. Dès le jardin, il eut de Victor Hugo
une première vision à laquelle, certes, il ne s'attendait guère.
Hugo, à ce qu'il raconte, était sur la toit plat de sa maison,
« vêtu de sa seule dignité, » et se livrait à des mouvements gym-
nastiques après avoir pris une douche froide.

Le visiteur se fit annoncer dans les formes et fut reçu avec
une grande affabilité. La conversation s'engagea et tomba, comme il était naturel entre Français et Allemand et à cette époque,
sur les rapports des peuples entre eux. M. Waldmüller-Duboc
demanda à Victor-Hugo s'il était jamais allé en Allemagne.
« Non, seulement dans le pays vieux-gaulois du Rhin, que je
considère comme français, bien que, ajouta-t-il, pour moi il n'y
ait pas de frontières. »

Et là dessus Victor Hugo émit justement la même pensée que
Nietzsche devait développer plus tard: « Un jour viendra où
l'Europe ne connaîtra que des Européens, et non plus des Français, des Allemands, des Russes. Est-ce que les Allemands ont
une queue? Je ne vois pas de différence (Waldmüller reproduit
cette boutade en français.) Alors le pêle-mêle des langues pren-
dra fin: une seule suffira.

— Laquelle?

— Trois seulement peuvent entrer en ligne de compte: l'italien,
l'allemand, le français. L'allemand avec ses consonnes est trop
dur pour les méridionaux; l'italien paraîtrait aux Allemands

§

La France périra ainsi ou de toute autre façon,
mais elle périra, et tout périra. Cependant, cette
part faite au prophète pessimiste qui vaticine
en tous les hommes désabusés d'aujourd'hui, il
n'est pas inutile de se livrer à quelques réflexions
d'un autre ordre, moins amères et plus vérifia-
bles.

Si l'influence linguistique de la France a diminué, surtout depuis trente ans, on n'y peut
voir qu'une cause, et cette cause est toute politique. Les peuples ont besoin de savoir la langue
du plus fort; dans cette force, la littérature est
un appoint, elle n'est que cela. Le patronage littéraire de la France s'étend encore aujourd'hui
sur la plus grande partie du monde civilisé ; il

avoir trop de mollesse : reste le français, la langue où se fondent l'énergie et la douceur.

Et Hugo continua, poursuivant son idée:

— Si Byron n'avait parlé qu'anglais il n'aurait rencontré partout
que des gens qui ne l'auraient pas compris ; car, en dehors des
Anglais, qui connaît cette langue absurbe ?

— Mais quand l'Europe s'avisera-t-elle que tout le monde doit
apprendre le français ?

— Qui sait ! Peut-être dès le lendemain de la chute de M. Bo-
naparte. Alors, en un clin d'œil nous aurons la République.

— Et puis !

— Les républicains français tendront la main aux Allemands.
Ceux-ci chasseront leurs nombreux princes... les douanes seront
supprimées, etc. »

est plus vaste qu'au dernier siècle; s'il est moins profond, c'est qu'il n'a plus pour appui la suprématie militaire. De tous les commerces allemands c'est celui de Leipzig qui a le plus gagné, peut-être, au traité de Francfort. Il n'a tenu qu'au génie littéraire allemand de profiter de la situation. C'est parce qu'il s'est obstiné à se taire ou parce qu'il n'a parlé qu'avec timidité que les lettres françaises ont maintenu et peut-être étendu leur vieille domination. Sans ce pacifique empire d'outre-frontières, la vraie littérature de France, et toutes les industries qu'elle fait vivre, n'existerait peut-être plus. Qu'il le veuille ou non, un écrivain français a trois clientèles dont voici l'importance décroissante : Paris, l'Étranger, la Province. Il faut donc distinguer de l'influence littéraire l'influence purement linguistique qui s'exerce par la politique et par le commerce. Les livres français sont lus par des hommes qui ne sauraient parler notre langue; ils l'ont apprise ainsi qu'une langue classique, langue de luxe et de loisirs aristocratiques. D'autre part les Français de France ne lisent qu'en eux-mêmes ; ce livre unique et quelques fausses nouvelles, voilà tout l'aliment que se permet leur génie égoïste et national.

Pour propager la littérature française à l'étranger, il suffit que nous écrivions de bons livres dans une langue à la fois traditionnelle et renouvelée par les conseils d'une sensibilité originale; propager la langue française, en tant que langue de commerce et d'usage, il suffirait peut-être, à l'heure actuelle d'une politique ferme, et au besoin un peu impertinente. Mais l'impertinence diplomatique n'est pas un joujou que puissent manier sans danger ou sans ridicule les humbles hommes d'État, les contre-maîtres d'usine, qui ont usurpé en France le rôle de pasteurs de peuples.

Et ce ne sont pas les efforts généreux de l'Alliance française qui pourront suppléer à notre atonie politique, et encore moins tels petits remèdes de bonne femme sérieusement préconisés par des journalistes : nommer des correspondants étrangers de l'Académie française, instituer un Prix de Paris pour les étudiants étrangers ! L'inutilité de ces mesures me les ferait accepter volontiers. La France n'est pas une maison de commerce qui donnerait des primes à ses clients; ni elle n'est une dame qui doive condescendre à rendre moins âpre l'accès de ses faveurs.

S'il faut simplifier çà et là notre orthographe, ou désencombrer de trop puériles règles nos grammaires, que ce soit par des raisons esthétiques, c'est-à-dire d'une utilité hautaine. Nous

ôterons des baleines au corsage pour que le pro
fil soit plus pur de la poitrine plus libre, mais
non afin de favoriser les mains grossières.

, La langue de Victor Hugo n'est pas un vola-
puk qu'il soit permis de vouloir accommoder au
goût des sauvages comme une fabrication de
cotonnade. Il ne paraît pas d'ailleurs qu'il y ait,
malgré la logique, le moindre rapport vrai entre
la difficulté du français et sa présente inertie
d'expansion (1). Le français est-il plus difficile
aujourd'hui qu'il y a un siècle? Loin de là; il
l'est beaucoup moins par l'abondance des excellentes méthodes répandues dans le public, par
l'abondance aussi des livres à bon marché. L'or-

(1) Il ne faut pas trop appuyer sur cette inertie. L'auteur de
la « Guerre des langues » a lu dans les journaux qu'une école
commerciale de Rotterdam a rayé de son programme le cours de
français ; il transforme cette école unique en « certains établissements pédagogiques... » et pousse une hargneuse allusion à
l'Affaire... La langue française est fort répandue en Hollande ;
moins ou plus qu'hier, c'est une question difficile à résoudre, mais
il est manifestement absurde d'écrire : « Les Hollandais s'éloignent de plus en plus de notre langue et de notre littérature. » Pour
permettre d'apprécier la question, — et la bonne foi du pamphlé-
taire, nous donnons en appendice, une *pièce justificative*. — De
temps en temps les journaux (encore !) nous informent que le français va disparaître à Jersey. Or, il y a vingt ans la connaissance
de l'anglais était absolument indispensable à Jersey ; aujourd'hui
le français suffit. Je me suis fait rapporter l'an passé la collection des carres et prospectus distribués aux étrangers, et tous
sont en français. J'ai été surpris. Mais l'Angleterre est un si
prodigieux laboratoire de mensonges. Il faudrait vérifier la moindre information avant d'en faire état.

thographe est la même, mais plus régulière ; la
syntaxe est la même, mais plus souple. D'ailleurs, à côté de l'orthographe anglaise, ce résumé de toutes les incohérences, toutes les or-
thographes, même la française, apparaissent
cristallines.

Mais je ne professe pas tout à fait les idées
communes sur les obstacles qu'apporte en une
langue la complication de son orthographe. Les
mots dont l'épellation est la plus anormale sont
précisément ceux qui se gravent avec le plus de
netteté dans la mémoire. Personnellement j'au-
rais moins d'hésitation sur l'orthographe anglaise que sur l'italienne, et pourtant autant
l'une est démente, autant l'autre est raisonnable.
Comment oublier que *Brougham* se prononce
Brôme ou que *viz* se lit *nameley?* N'exagérons
pas cependant l'attrait de ces chinoiseries. Il en
est un peu de la facilité de l'anglais comme de
la supériorité des Anglais. C'est un bruit qui
courra tant qu'il aura de bonnes jambes. Une
langue très utile est beaucoup plus facile à
apprendre qu'une langue de luxe. La difficulté,
la vérité, la beauté, autant de valeurs relatives.
Il ne faut donc pas trop se fier aux petits gra-
phiques amusants que l'auteur a fait graver à la
fin de son article pour conquérir l'aveu immédiat

de sa clientèle. Six échelles de hauteur arbitrairement graduée affirment aux plus obtus (et au besoin à ceux qui ne sauraient pas lire) que, trois échelons gravis, on peut se délecter à lire les poèmes de M. Swinburne, tandis qu'il faut délaisser le dixième pour comprendre les vers de M. Sully-Prudhomme (qui ornent les pages suivantes). Mais je crois qu'il y a là une raison de perspective et que, vue de Turin ou de Barcelone, la proposition ne serait pas tout à fait la même que si on contemple ces symboliques échelles d'Amsterdam ou de Hambourg.

C'est par ces moyens qu'un commerçant établi en France travaille à l'extension de la langue française. Ils doivent lui sembler bons, puisqu'il est intéressé dans cette question qu'un écrivain aurait traitée avec plus de désintéressement ou un savant avec plus de compétence. Mais si l'on voulait recueillir sur la situation réelle de notre langue à l'étranger les renseignements précis et valables que ne m'a pas donnés une imagerie, ni ses textes explicatifs, je crois qu'il faudrait s'adresser à ces voyageurs ou à ces touristes qui parcourent sans cesse le monde pour leurs affaires ou leur plaisir. Eux seuls savent la vérité sur le pouvoir d'échange de la langue française, sur la valeur monétaire d'un mot français à Batavia, à Buenos-Ayres, au Caire ou à San-Francisco et en Europe. Pour l'exportation du livre, de la revue, du journal, l'éditeur et le commissionnaire seraient consultés, et il faudrait les croire, car la littérature, par dernier privilège, échappe en grande partie aux douanes. On recommencerait dans dix ans, et on saurait quelque chose.

Il vaut peut-être mieux ne rien savoir, et pour ce qui est de nous, écrivains orgueilleux, dire notre vaine pensée sans nous demander si elle retentira très loin ou si elle mourra à nos pieds.

Janvier 1900.

APPENDICE

PIÈCE JUSTIFICATIVE

LA LANGUE FRANÇAISE EN HOLLANDE

« Déjà, à plusieurs reprises, nous avons indiqué la place considérable que la langue française a conquise et conservée aux Pays-Bas. Les considérations historiques qui expliquaient dans une large mesure cette situation privilégiée — création de nombreuses églises wallonnes et d'écoles françaises — ont forcément perdu, par suite des circonstances, beaucoup de leur valeur. Cependant, le français garde son prestige et, si la connaissance de notre idiome n'est plus considérée comme la plus utile, l'étude du français reste toujours la plus attrayante et la plus nécessaire pour les classes aristocratiques et pour tous les hommes cultivés.

» Dans aucun pays étranger, l'Alliance française n'a trouvé un terrain plus favorable qu'en Hollande. Dans les grands centres, elle a créé des associations puissantes et dans beaucoup de petites villes de province des sections vivantes. Tout récemment encore, une section s'est fondée à Assen, la capitale de la province la moins importante du royaume.

» Cette année le choix des conférenciers a été

19.

particulièrement heureux. Mme Thénard, M. Chailley-Bert, etc., ont obtenu partout, et notamment à la Haye et à Amsterdam, un succès très vif et très mérité. En général, les soirées dramatiques, qui offrent plus de variété et une note plus gaie que la conférence ordinaire, sont surtout goûtées du public. Par tempérament ce dernier est plutôt froid, mais chaque fois que des artistes parisiens entrent en contact avec lui la glace ne tarde à se rompre et la soirée finit par une ovation.

» On continue à lire de préférence les ouvrages français. Nos écrivains, les romanciers spécialement, se sont créé dans ce pays une excellente clientèle. Le dernier roman qui a fait sensation à Paris ne tarde pas à faire son apparition à la vitrine de tous les libraires. De plus, dans chaque ville, des sociétés de lecture fournissent à leurs membres, à prix fort modérés, une foule de revues françaises très demandées.

» En réalité, le français ne semble pas avoir perdu de terrain, comme on avait pu le craindre un instant. On se souvient que le conseil municipal de Rotterdam résolut, il y a quelques années, de supprimer l'étude du français dans les nouvelles écoles de la ville. Cette décision fit grand bruit. Or, d'après nos renseignements puisés à la meilleure source, toute l'affaire se réduit à ceci : le conseil municipal a voulu tenter un essai et il a supprimé le français dans une seule école publique. Cette dernière n'est fréquentée

que par des enfants de la petite bourgeoisie. Les
parents jugent la connaissance de l'anglais et de
l'allemand plus utile à leurs enfants au point de
vue commercial. Mais dans toutes les autres
écoles le français reste inscrit au programme
comme branche obligatoire.

» Même dans certains établissements libres, on
consacre beaucoup de temps et de soins à l'étude
de la langue française. Ainsi, à l'institut de
M. Esmeijer, à Rotterdam, on réserve dans certaines classes jusqu'à sept heures par semaine à
l'enseignement du français. Et les résultats sont
positivement remarquables.

» C'est à M. Esmeijer que revient l'honneur
d'avoir introduit aux Pays-Bas, pour l'étude des
langues vivantes, la méthode directe ou intui-
tive, qui consiste à parler à l'enfant et à le faire
parler dès le début. Le maître chargé d'enseigner le français proscrit dans ses leçons l'usage
du hollandais. Cette innovation hardie a provoqué une vive opposition de la part des défenseurs
de la vieille méthode des traductions. Mais les
progrès des élèves sont si rapides, la supériorité
de la nouvelle méthode ressort si clairement que
M. Esmeijer a eu beaucoup d'imitateurs et que
la cause paraît gagnée.

» Dans cet établissement modèle, les enfants
commencent l'étude du français dès l'âge de six
ans, tandis que dans les autres écoles on ne dé-
bute qu'à neuf ans. Au bout de trois mois d'exercices — une demi-heure par jour — ces petits

garçons comprennent déjà fort bien et s'expriment avec une réelle facilité. Dans les classes supérieures, les travaux des élèves sont absolument remarquables. En narration française, beaucoup d'entre eux dépassent la moyenne des jeunes Français aspirant au brevet élémentaire.

. . . .

» Naturellement, le français est aussi enseigné avec soin dans les gymnases, dans les écoles secondaires et dans les classes supérieures des écoles publiques. Mais ce seul exemple, pris dans l'enseignement libre, suffit pour montrer tout le prix qu'on attache à la connaissance de notre langue. »

(*Le Petit Temps*, 4 mars 1900.)

TABLE DES MATIÈRES

ACHEVÉ D'IMPRIMER

Le quinze octobre mil neuf cent

PAR

BLAIS ET ROY

A POITIERS

pour le

MERCVRE

DE

FRANCE

www.ingramcontent.com/pod-product-compliance
Lightning Source LLC
Chambersburg PA
CBHW070211030726
47505CB00006B/1644